妻と義兄夫婦、相続税申告までの10か月

相続で起きる「争族」と税金の物語り

今泉朋和・浦越マキ

中央経済社

はじめに

人は、いつか必ず亡くなります。

財産の多寡にかかわらず、「相続」が「争族」にならないように、遺言など終活準備をしなければと思いつつ、日々の生活に追われ、ついつい後回しにしてしまう。しかし現実には、加齢による老いが少しずつ忍び込んで、やがて自分では何もできなくなってしまう。

このような親を持った子供達が、相続争いに直面してしまった場合、どのように対応すれば良いのでしょうか。子供の頃は仲の良かった兄弟姉妹でも、いざ自分の遺産相続協議となると、お互いに配偶者や子供を持つ身として、譲れない主張のぶつかり合いになってしまいます。加えて、相続税には申告期限（被相続人が死亡したことを知った日の翌日から10か月以内）があり、簡単には延長戦に持ち込めない、厳しい戦いでもあります。

本書は、著者の身近な親族間で起こった「生々しい争族の物語り」と、「円滑な相続の物語り」の記録をベースに、相続専門の浦越マキ税理士に物語りの局面ごとで関係する法律や税務の知識、さらに税理士の視点で気に掛かった登場人物たちの動向とその理由をご教示頂いて、完成したものです。思いもかけず相続争いになってしまった場合のケーススタディとして、そして最後には、親族間で禍根を残さず「ノーサイド」に持ち込むためにも、本書を手に取って下さった方々のご参考になれば幸いです。

最後になりましたが、企画段階から校了まで的確なアドバイスを頂きました中央経済社の牲川健志氏に、感謝申し上げます。

2024年3月　翔んで埼玉・なまずの郷にて

今泉　朋和

もくじ

妻と義兄夫婦、相続税申告までの10か月

――相続で起きる「争族」と税金の物語

はじめに……2
この本の読み方……12
登場人物……14

プロローグ

9月12日（月）　7時　埼玉県吉川市の杉浦家マンション……18
10時30分　新百合総合病院　霊安室……19
12時～15時　代々木斎場に向かう……22
17時　代々木斎場……25
9月16日（金）　代々木斎場　通夜……27

【税理士浦越マキのここが気になる！】

1 死体検視が行われるとき 21
2 「死亡診断書」と「死体検案書」 22
3 被相続人の死亡前に、相続人が被相続人の預金を引き出すと…… 23

第1章

11月～12月 相続財産の把握…… 32
12月10日（土） 第一回遺産分割協議 世田谷区池尻の加藤家…… 43
第一回遺産分割協議を終えて、吉川市の自宅に帰る車内…… 46
12月18日（日） 第二回遺産分割協議 世田谷区池尻の加藤家…… 54
第二回遺産分割協議を終えて、吉川市の自宅に帰る車内…… 57
12月19日（月） 18時 坂上弁護士事務所…… 65
12月24日（土） 第三回遺産分割協議 世田谷区池尻の加藤家…… 79
第三回遺産分割協議を終えて、吉川市の自宅に帰る車内…… 84

【税理士浦越マキのここが気になる！】

4 相続税の申告制度と申告期限　36
5 土地の評価　36
6 相続放棄とその対価　38
7 前回の不平等な相続を、今回の相続で修正できる？　39
8 相続人同士で相続遺産を伝える方法　40
9 遺産分割協議　40
10 相続不動産の査定　41
11 路線価と鑑定評価　42
12 母親と息子の相続、母屋と別棟の相続割合　42
13 以前の相続での取り決め　47
14 15年前の金銭授受と、今回の相続の関係　48
15 同居でいいの？　48
16 義母の介護は、相続でどこまで配慮される？　49
17 不動産は全部長男、預金は兄妹で折半、の妥当性　51
18 「実家を守るため」に大義アリ？　51
19 民法の相続についての定め　52
20 前回の相続の不平等を是正するための「1、000万円」の妥当性　53
21 税務署の相談窓口はどう利用する？　58
22 小規模宅地の特例が適用されると相続税は劇的に変わる　58

23 もう1人の相続人の相続税の肩代わりの申出　60
24 10年前の1、000万円の生前贈与の扱い　60
25 もう1人の相続人に自分の預金500万円を渡すと言われたら、納得してよい？　64
26 公正証書遺言　69
27 不利な遺言を隠すとどうなる？　70
28 道路計画予定地等の規制の財産評価への影響　71
29 預金口座以外の金融資産のありか　71
30 家庭裁判所の調停　72
31 小規模宅地等の特例の運用規則　73
32 相続税申告書ってどんなもの？　75
33 小規模宅地等の特例適用審査の実際　76
34 あれもこれも？　生前贈与になるものってなんだ？　76
35 相続税の税務調査　77
36 遺産分割協議の金額の合意は端数まで　78
37 払っていない家賃は生前贈与？　85
38 母屋の敷地の駐車場代も生前贈与？　86
39 預貯金通帳の確認　86

第2章

1月2日（月）神戸・東灘の高齢者向け住宅……88

1月3日（火）吉川市の杉浦家マンション……90

1月7日（土）第四回遺産分割協議　世田谷区池尻の加藤家……92

第四回遺産分割協議を終えて、吉川市の自宅に帰る車内……94

1月10日（火）利男から和子への電話……94

【税理士浦越マキのここが気になる！】

40 生前贈与の、今回の相続税申告書への反映　92

第3章

3月25日（土）宮田税理士事務所……98

3月27日（月）坂上弁護士から友也への電話……102

3月28日（火）和子から加藤利男への電話……104

4月8日（土）第五回遺産分割協議　世田谷区池尻の加藤家……106

4月10日（月）
第五回遺産分割協議を終えて、吉川市の自宅に帰る車内……112
9時　和子から宮田税理士への電話①……117
20時　吉川市の杉浦家マンション……119
4月11日（火）　和子から宮田税理士への電話②……121

【税理士浦越マキのここが気になる！】

41 税務調査は避けられる？　101
42 名義預金　103
43 意外にある？　保険を利用した生前贈与　104
44 被相続人の預金の解約払出手続き　113
45 生命保険の受領手続き　114
46 相続税の脱税　114
47 10年前の生前贈与の取扱い　120
48 被相続人の孫の預金　122

第4章

4月13日（木）　10時　神戸の妹からの電話……124

16時　神戸市東灘区　篠原葬儀社……125
4月14日（金）　篠原葬儀社　家族葬ホール……131
4月23日（日）　16時　神戸市立甲南斎場……134

【税理士浦越マキのここが気になる！】

49 遺言のかたちと所在　129
50 高齢の顧客に対する相続を見越した信託銀行の助言　131
51 亡くなった親の預金を子どもが受け取る方法　133

第5章

4月下旬　加藤和見の日記……136
5月12日（金）　杉浦家マンション……146
5月13日（土）　第六回遺産分割協議　世田谷区池尻の加藤家……148

【税理士浦越マキのここが気になる！】

52 和見さんの日記　142
53 今月の食事代を渡すことの税務的取扱い　142

54 孫への贈与 143
55 信用金庫からのお願い 146
56 税務署を甘く見ていたらどうなる？ 157
57 税務署の予備調査 158
58 被相続人からの振込みがたくさん発覚したら 159
59 相続税の申告期限を過ぎると失うもの 159
60 最終合意内容と協議経過の評価 160

エピローグ

6月2日（金） 坂上弁護士事務所……164

【税理士浦越マキのここが気になる！】

61 この物語りの感想 166

この本の読み方

この本は、ある家族に起きた相続紛争の経緯を描いた小説です。

物語りは、主人公の杉浦友也の義理の母親（加藤和見）の死去から始まります。和見の死によって生じた、友也の妻（杉浦和子）と義理の兄夫婦（加藤利男・美紀子）との相続争いは、遺産分割協議を重ねるうちに局面が刻々と変化します。そして、その変化に伴って、当事者が協議において譲れない主張も変わっていきます。

本書では、実際に相続争いに直面した際に、相続人同士で揉めない・後々の禍根を残さないための遺産相続交渉を進めるためのヒントとなる場面や、発言が出てきます。本書では、そうした描写にを付けています。このの付いた描写については、相続専門税理士の視点で、気になったこと、さらには相続税が生じる人たちにお伝えしたいことを解説します。物語りと併せての解説を読んで、相続を乗り切るための万全の準備をしましょう。

【例】

[20]父の時の不平等相続を是正するため、一千万円を追加してください

……

物語り中の[20]を解説

【税理士浦越マキのここが気になる！】

[20]前回の相続の不平等を是正するための「1、000万円」の妥当性

前回の相続（和子さんの父・勝利さんの相続）の不平等が、今の価値で1、000万円に相当するのかどうかは、前回の相続の財産の価値を評価しないとなんとも言えません。ここは単に和子さん側の主張として捉えておきましょう。

登場人物

この物語りはフィクションです。実在の人物や団体などとは関係ありません。

＜杉浦家＞

杉浦　友也（すぎうら　ともや）

この物語りの主人公。62歳。大手メーカ山田重工株式会社を60歳で定年退職して、関連社団法人の専務理事を勤めている。若手社員時代に山田重工に経理アルバイトとして来ていた加藤和子と出会う。その縁で和子と結婚。埼玉県吉川市在住。出身は兵庫県神戸市で、妹が一人いる。

杉浦　和子（すぎうら　かずこ）

友也の妻。60歳。この物語りの相続人の一人。

杉浦　友美（すぎうら　ともみ）

友也と和子の娘。28歳。

＜加藤家＞

加藤　利男（かとう　としお）

和子の兄で友也にとっては義兄。63歳。金型製作と精密仕上げを専門とする中堅企業を勤め上げ退職。妻の美紀子とは見合い結婚。この物語りの相続人の一人。

加藤　美紀子（かとう　みきこ）

利男の妻。59歳。

加藤　美鈴（かとう　みれい）

利男と美紀子の娘。29歳。

加藤　秀男（かとう　ひでお）

利男と美紀子の息子。27歳。

＜その他の人々＞

加藤　和見（かとう　かずみ）

友也の妻・和子の母。友也の義母。89歳で死去。この物語りで生じた相続の被相続人。生前は長男の利男が住む世田谷区池尻の家の本宅に87歳まで居住。認知症が進行し、88歳のとき神奈川県川崎市の老人養護施設柿生ホームに入所。

加藤　勝利（かとう　かつとし）

和子の父。友也の義父。故人。

杉浦　陽子（すぎうら　ようこ）

友也の母。神戸の養護施設に入所中に死亡。87歳。

永井　友子（ながい　ともこ）

友也の妹。神戸在住で、毎週母の世話をしていた。55歳。

坂上　（さかがみ）

友也の大学の同級生。弁護士。

宮田　（みやた）

税理士。

人物相関図

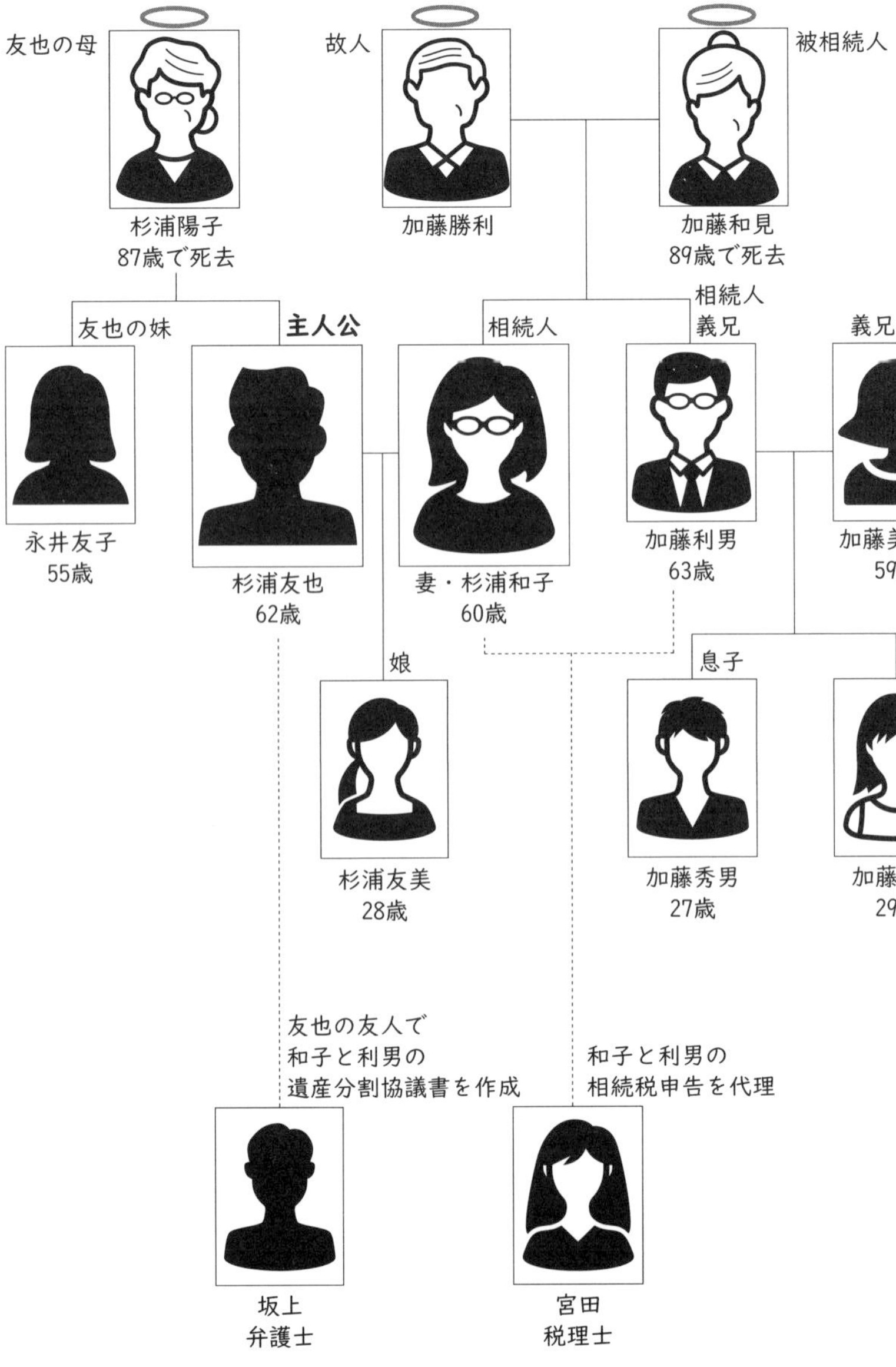

友也の母
故人
被相続人
杉浦陽子
87歳で死去
加藤勝利
加藤和見
89歳で死去
友也の妹
主人公
相続人
相続人
義兄
義兄の妻
永井友子
55歳
杉浦友也
62歳
妻・杉浦和子
60歳
加藤利男
63歳
加藤美紀子
59歳
娘
息子
娘
杉浦友美
28歳
加藤秀男
27歳
加藤美鈴
29歳
友也の友人で
和子と利男の
遺産分割協議書を作成
和子と利男の
相続税申告を代理
坂上
弁護士
宮田
税理士

プロローグ

9月12日（月）　7時　埼玉県吉川市の杉浦家マンション

「おふくろがさー、心肺停止だって」

早朝の電話は、今まさに杉浦友也が出勤のため玄関に向かって廊下を歩きだしたときであった。電話の声は、いつも通りボソボソと低い声で話す義兄の加藤利男であった。

「心肺停止！　まさか！　先週土曜日に和子と柿生ホームに行って、面会して来たばかりですよ。屋上まで車いすで連れて行って、喜んでいたのに！」

杉浦友也の大声に驚いた妻の和子が、「代わって」と受話器を取り上げて、落ち着いた声で兄の利男に尋ねた。

「それで、柿生ホームは救急車を手配してくれているの？　どこの病院に収容されたの？」

兄利男の「何にもわからない」とぼけた返事に和子がキレた。

「すぐにホームに電話して確認しなさいよ、救急車と病院！」

昨夜遅く帰宅して熟睡中の一人娘の友美も、あわてて起きて来た。

これが大変な一日の始まりであり、かつ杉浦夫婦にとって全く思いもよらない、相続紛争の始まりの日でもあった。

9月12日（月） 10時30分 新百合総合病院 霊安室

友也と和子、娘の友美が病院へ到着したとき、兄夫婦はまだ到着していなかった。霊安室向かいの暗い廊下に設置された長椅子で、三人は待たされていた。中では警察官による検視が行われているというのだ。

「まったくもう！ 長男のくせに、しかも都内の世田谷に住んでいるのだから、先に来るのが当たり前でしょう！」和子が小声で不満を漏らした。

「お兄ちゃんは、いつも何をやっても、とろいのよ！」

ほどなくして霊安室のドアが開き、若い警察官が合図した。

「加藤和見さんのご親族の方ですね。どうぞお入りください」

そこには、高さのある金属製の無機質なベッドの上で、全裸で横たわっている加藤和見、八十九歳の姿があった。和子と友美は、同時に「お母さん！」「おばあちゃん！」と声を上げ、近づいて嗚咽した。杉浦友也は、冷蔵庫のように冷たい霊安室の真ん中に、全裸で横たわる義母の姿に驚き、「裸じゃあまりにもかわいそうだ、毛布かなんかないのか」と思わず唸った。

奥の端にもう一人、年配の警察官がいた。年配の警察官は「検視が終わったところです。衣類はこちらにあります」と言って、パジャマを差し出した。母と娘は泣きながら、和見の亡骸にパジャマを掛けた。「もうご自宅に帰られて結構ですよ」二人の警察官はそう言い残して、冷たい霊安室から出て行った。

十一時三十分ごろにようやく和子の兄、加藤利男とその妻の加藤美紀子が到着した。車のナビの設定を間違えて、ずいぶん遠回りしてしまった、とのことである。

「お母様は霊安室で横たわっています。[1]**警察の検視は終わりました**。いつでも帰っていいそうです。先ほど和子は病院から[2]**死亡診断書**を受け取って、いま葬儀社の人と話しています。直接死因は心不全、影響した傷病は脳梗塞でした。病院から『昼までに霊安室を空けてほしい』と言われています」

杉浦友也は、努めて事務的に義兄夫婦に話した。

和子が葬儀社と相談して決めたのは、和見の遺体は取り敢えず実家近くの斎場に移して、和見にお化粧や衣服を整えてもらうこと、斎場で通夜や葬儀などの詳細を打ち合わせることだった。加藤利男は、妹の杉浦和子が決めた段取りについて、「うん、うん、解った」とぼそっと言うだけであった。

十二時直前に、霊柩車に乗せられた和見を病院から見送り、杉浦夫妻と加藤夫妻はそれぞれの自家用車で、都内の代々木斎場に向かうことになった。出発前に、義姉の美紀子が友也たちの車に寄ってきて、和子にコンビニおにぎりとお茶を渡して言った。

「ごめんなさいね、遅くなって。お昼を食べる時間がないと思って、買ってきたの。車の中で食べてね」

【税理士浦越マキのここが気になる！】

1 死体検視が行われるとき

この物語りの主人公・友也さんの妻の和子さんのお母さん・和見さんが亡くなったところから、物語りは始まりました。和見さんの死体検視が終わったときのお話は身につまされました。

検視が行われるのは、自宅や外出先で亡くなった状態で発見された場合や事件・事故のときで、要するに死因がはっきりしない場合です。

和見さんが心肺停止になったのは老人ホームでしたので、検視という手順を踏まなければならなかったのでしょう（今は、自宅で孤独死というケースも増えていますので、検視の件数は大変な数になるそうです）。

2「死亡診断書」と「死体検案書」

和見さんは「死体検案書」ではなく「死亡診断書」を受けています。

医師の診療管理下にある者が生前に診療していた傷病に関連して死亡したと認められる場合に作成されるのが「死亡診断書」。和見さんの場合は、脳梗塞という過去の傷病に付随して心不全を起こしたという診断で「死亡診断書」が発行されました。

なお、それ以外、つまり自宅や外出先などでの突然死などでは「死体検案書」が発行されることになります。

9月12日（月）　12時～15時　代々木斎場に向かう

都心に向かって激しい渋滞が続く中で、和子が口火を切った。

「兄夫婦が遅れたわけを聞いて、あきれたわよ。美紀子さんが『まず銀行に立ち寄って、お母さんの口座から預金を出しておかないと、すぐ閉鎖されたらおしまいよ！』と兄をたきつけて、3**銀行でお母さんの預金を下ろして来た**らしいのよ！」

「えー、お兄さんは『ナビの設定を間違えた』とか言ってたよ」、友也は驚いた。

「そんなのウソよ！　さっき兄に『病院に払ったお金は私が立替えているから』と話したら、『ちょうど良かった。おふくろの銀行預金を下ろして来たばかりなんだ』と自白したわよ」

「それにしても美紀子さんは、お金がらみの判断が素早いね。それに引き替えお兄さんは、本当に主体性がない人だな。美紀子さんの言いなりで……」

「お母さんがよく嘆いていたわ。『利男は技術バカで、計算尺は使えるくせに、数字の末尾に円が付いた途端に、まったく計算できなくなってしまう』って」

後部座席で寝ていたはずの友美がクスっと笑った。

【税理士浦越マキのここが気になる！】

3　被相続人の死亡前に、相続人が被相続人の預金を引き出すと……

みなさんは、9月12日の和見さんの長男夫婦・利男さんと美紀子さんの取った行動をどう思われましたか？

和見さんが心肺停止と聞いた直後に、慌てて和見さんの預金口座からお金を引き出しに行った美紀子さん。確かに預金口座が凍結されると引き出しも、公共料金等の引き落としもできなくなります。

しかし病院や役所が金融機関に死亡の連絡をすることはありません。口座が凍結される最も多いタイミングとしては、相続人が口座解約などのために金融機関に自ら連絡したときです。著名人などの場合は新聞等の訃報欄から事実がわかることもありますが、一般的には、死亡した直後に金融機関がその事実を知って口座を凍結してしまうことは基本的にありません。

では、被相続人が死亡する前に、相続人がお金を引き出してしまうのはどうでしょうか？　お金を引き出すと相続財産がその分減るので相続税の節税になるのでしょうか？

いいえ、そうではありません。引き出した預金が手許にあれば手許現金として、他の相続人の口座に振り込まれていれば貸付金等として、被相続人が死亡するまでにそのお金から実際に使った分を除いて相続税の計算においては相続財産に計上していきます。第一、こうした引き出しは、後々他の相続人とトラブルになりかねません。

なお、このようなことをしなくても、葬式費用や生活費などでお金が必要な場合、一定の金額までであれば、口座から預金を引き出せる制度が、2019年7月1日から開始されています。

この制度で引き出せる金額には上限がありますので、少し詳しく説明します。その上限は、「150万円」か「死亡時の預貯金残高×3分の1×法定相続分」のいずれか低い金額です。

たとえば、被相続人の1つの銀行口座に1、200万円あるとした場合、相続人の利男さんが

この預貯金の仮払い制度を使って引き出せる金額は、
1、200万円×3分の1×2分の1（法定相続分）＝200万円＞150万円となるため、150万円の仮払いが可能となります。
もっとも、仮払いの手続きには、戸籍謄本一式などと一緒に申請書類が必要なため、死亡後すぐに手許に現金を用意することはできませんので、美紀子さんのように、和見さんの預金口座が凍結される前にお金を引き出したいと慌てる気持ちもわかります。ただ理解していただきたいのは、死亡時に残っていたお金は手許現金として相続税の計算上相続財産になる、という点です。

また、死亡後の口座凍結前に、被相続人の口座から葬式費用を引き出すことはよくあることですが、相続を放棄しようと考えている場合には、預金を引き出すことで相続を承認したとみなされることがあることにも注意しましょう。

9月12日（月）　17時　代々木斎場

杉浦友也の義母である加藤和見は、葬儀社のプロ美容師のおかげで、霊安室の寝姿とは見違えるほどきれいな姿に変身して、布団に収められていた。安らかに眠る母の顔を見て、和子も兄夫婦も、ほっとしたようだ。

娘の友美も「おばあちゃん、しわが取れて、すごく若く見えるよ！　良かったね」と話しかけている。そのとき、なぜ加藤家の子供たちは亡くなった祖母に会いに来ないのだろうか？　と友也はふと疑問に思った。加藤家は、都心に近い世田谷区の池尻にある。外環より郊外の翔んで埼玉・吉川市に住む友也のマンションよりはるかに近い。

夕方が迫り、葬儀社に急かされて、葬儀の段取りを決めることになった。仏式でよいか？　お坊さんは？　戒名は？　通夜と葬儀のおおよその人数は？　返礼品と会葬礼状は？　通夜ぶるまいの料理と酒は？　親戚関係に友人関係、誰がどこまで連絡するのか？

決めなければならないことは山ほどある。しかし、肝心の長男で喪主の義兄・加藤利男が、自分で何も決められず、妹の和子と利男の嫁の美紀子が、あれこれ論争し、ときどき友也が口をはさみながら、ようやく形が決まった。時計は二十時を過ぎていた。

その間に、遅れて加藤家の子供たち、長女の美鈴と長男の秀男が到着したこともあって、葬儀社の担当ディレクターが、「今夜はこれから仮通夜をされますか？」と聞いてきた。友也は思わず「もう今日は疲れ果てているし、明日は仕事ですから、我々は加わりません」といって、仮通夜は自然に取りやめになった。

杉浦家の三人が、吉川のマンションに帰宅したのは、二十三時を過ぎていた。

9月16日（金）　代々木斎場　通夜

お通夜には和見の実家筋の親戚を中心に、三十名近くが集まった。和見は新潟県柏崎市の機械部品製造業者の娘として生まれている。和見は八十九歳の高齢で亡くなったが、兄弟姉妹が四人いたため姪や甥など存命の親戚縁者は多い。

喪主 加藤利男の妻である美紀子の実家筋からは、宮城県大和町から兄夫婦が参加した。いかにも典型的な東北人のようで、二人とも寡黙で地味であった。杉浦友也は兵庫県神戸市の出身で、地元に妹が一人いるだけである。妹からは、「母の介護でとても行けない、ごめんね」という返事があり、母の名前で生花が送られてきた。

後は、加藤家と杉浦家の子供たち三名が参加しただけである。和見の孫たちは、おばあちゃんの写真をアルバムにして、年配者たちに回覧してくれた。

通夜ぶるまいで、特に酒が入った後の主役陣は、和見の弟と妹、そして甥や姪たち、八十五歳から五十歳までの年配者である。

新潟出身者は男も女も、年齢にかかわらずともかく酒が強い。和子と美紀子だけでは手が足りず、友也も急かされて酒を注ぎまわったり、寿司桶を追加したりと慌ただしかった。実家筋の親戚陣は、「若いころは夜這いをよくしたもんだ」「和見姉さんは『私には誰も夜這いに来ない』と嘆いていたよ」「夜這いされても、金玉蹴りで反撃したから、誰も来なくなったのよ」など、どこまで本当なのかわからない与太話で盛り上がっていた。

通夜ぶるまいが終わりかけ、少し落ち着いたとき、和子は美紀子に声をかけた。「とにもかくにも、お母さんの介護が終わって、ほっとしたね」「本当に大変でした。でも和子さんやご主人に、いろいろお手伝いして頂いて、ありがとうございました」美紀子が深々と頭を下げた。

そんな通夜でも、喪主である利男は、会話に加わるでもなく、黙々と寿司を食べたり、お茶を飲んでいるばかりであった。

利男は大学の工学部で機械を専攻し、大手の機械メーカーに就職を試みたが、もともと積極性に欠ける性格のためか希望は叶わず、中堅の金型製作と精密仕上げ専門会社に就職した。典型的なワンマン社長とその同族による中小企業であった。

一方、利男の妹の和子は学生時代に経理のアルバイトをしていた大手製造メーカーの山田重工で、入社したばかりの若手経理部員であった杉浦友也と恋愛結婚した。そして偶然にも利男が勤める会社は、山田重工の子会社の取引先、具体的に言えば孫請け会社であった。もちろん利男は製造技術者で、友也は経理と職種は全く異なり、仕事上の接触は何もなかったが、利男には心理的な負い目もあった。

三十年以上も昔の話であるが、杉浦友也が和子との結婚の報告に、和子の両親である加藤勝利と和見に挨拶したときのことだ。「まあ、一流会社にお勤めで良かったわね。うちの長男は中小企業でダメなのよ」と思わず和見が語った言葉が、利男には辛かったのである。杉浦友也が和子と結婚した翌年、加藤利男は美紀子と見合結婚した。近所で和見と親しかったお世話好きなおばさんの紹介であった。

加藤和見の病歴と介護の経過

和見75歳　公務員であった夫の勝利が亡くなり、長男の加藤利男が住む池尻宅の母屋で一人暮らし。夕食は隣接する別棟で息子家族と共にしていた。糖尿病の持病があるが、家庭菜園や書画などを楽しんでいた。

87歳12月　息子夫婦と夕食中に突然発言が意味不明になり、救急病院へ搬送され入院。脳梗塞の治療を受け、1月末に退院。要介護3の認定を受けた。自宅の廊下やトイレに手摺を取り付け、介護ベッドに替えて、隣接別棟に住む息子夫婦による在宅介護を受ける。

88歳6月　夜間頻尿の訴えに音を上げた息子夫婦が、杉浦夫婦に相談。杉浦和子が奔走して、1か月限定で再入院した。

88歳7月　病院ソーシャルワーカーの紹介で神奈川県川崎市の柿生ホームに入る。車いす生活で発言も不明確だが、映画鑑賞や絵や書の練習に取り組む。

89歳9月　施設入所後、1年2か月で心不全により死亡。

第1章

妻と義兄夫婦、相続税申告までの10か月

11月～12月　相続財産の把握

十月、杉浦夫妻は、二週間ばかり英国ロンドンと湖水地方の観光旅行に行った。杉浦友也が山田重工を定年扱いで退職した記念旅行である。友也はすでに会社傘下の社団法人の役員として再就職していたが、引継ぎの関係で記念旅行を遅らせたのである。

初めの計画通りであれば、加藤和見の葬儀にかさなって、とても旅立つことはできなかったから、運が良かった。帰国してから友也は和子に語った。

「お母さんの相続について、そろそろ話し合わないといけないな。[4]**相続税の申告期限は十か月だから、来年七月には手続きを終える必要がある。[5]池尻の土地は評価が高そうだから、和子の相続税も高くなるぞ**」

冗談めかして脅かしてみたが、和子は毅然として言い放った。

「私はね、お父さんが亡くなった時に、お母さんから一方的に[6]『**不動産の相続権は放棄してくれ、代りに百万円を渡すから**』と言われて、兄も黙って私に頭を下げてお願いしたのよ。私も家を出て嫁いだ身なので、『仕方がないのかな』と当時は思ってしまって、『わかりました』と言ったのだけれど兄だけ庭に家を建ててもらって、新聞代や自家用車まで、親に依存して暮らし続けている姿を見て、あまりにも不公平すぎると思っていたのよ。今度の母の相続では、[7]**『前回の不平等な相続を修正してもらいたい』と主張する**から、あなたも応援してね！」

「これは揉めるな」友也は思わずつぶやいた。

十二月に入って直ぐに、杉浦和子に兄の加藤利男から電話がかかってきた。ボソボソとした利男の低い声が、「○○銀行に○○○万円、▽▽信託に○○○万円」などメモを読み上げている。どうやら和見の遺産内容を話しているようであるが、小声のため和子はよく理解できない。

「聞こえないわよ！　お兄ちゃん。大きい声ではっきり言ってよ！」

何度も繰り返しながら、ようやく和子は和見の預金残高をメモすることができた。さらに兄が「相続についてはこうしたい」と低い声で話し出したところで、また和子が怒鳴るように言った。

「ダメよ。[8]**こんな大切な話を電話でできるはずないでしょう。友也さんと一緒に週末に池尻に行くから、そこで話し合いましょう**」

こうして、加藤利男と杉浦和子の[9]**遺産分割協議**が始まった。

友也は、[10]**世田谷区池尻の実家の不動産価値がどの程度あるのか、不動産鑑定士に依頼する前に、事前に自分で調べてみた。**インターネットを検索すると、大手不動産会社が無料で簡易査定してくれる仕組みがあるのを知っていたからだ。

調べた結果、池尻の土地の査定価格は四菱地所が四四二千円／平方メートル、四井不動産が四一〇千円／平方メートル、また公示価格は東側に三十五メートル離れているが、四〇二千円／平方メートルであった。

友也は、学生時代の友人で弁護士の坂上に、二社の査定額の平均値で計算して、問題ないか、メールで問い合わせてみた。本来、弁護士や税理士に専門的な質問や相談をする場合は、時間当たり二万円程度は支払う必要があるが、学友の坂上にはこの程度は甘えさせてもらえるだろう。坂上からすぐに返信が来た。

「二社の平均値で良いと思う。[11] **路線価より下回る鑑定評価はまずない**。相手側も鑑定評価を依頼して、こちら側の評価額との平均にすれば、両者とも納得感が出るのではないか。相続協議が難航したら、いつでも協力するよ」

利男がすぐ鑑定評価を依頼するとは思えないので、友也は二社平均の四二六千円／平方メートルで試算することにした。

次に相続土地の面積は、和見が居住していた母屋の土地が一五〇・二三平方メートル、加藤夫婦が居住している別棟の土地一四〇・一九平方メートルで、いずれも和見の所有である。別棟は勝利が長男である利男夫婦のために庭に新築した物件で、勝利が亡くなった時、和見と利男が相続した関係で、[12] **今回の相続対象の別棟建物の和見持分は九分の三になっている。別棟の残り九分の六は既に利男の持分であった。**

不動産関係の相続財産評価（試算）

母屋の土地　150.23㎡×426千円／㎡＝63,998千円　和見持分10/10
別棟の土地　140.19㎡×426千円／㎡＝59,721千円　和見持分10/10
母屋の建物　142千円　和見持分10/10
別棟の建物　18,000千円×3/9＝6,000千円　和見持分 3/9
不動産関係の相続財産合計　129,861千円
＊なお利男は父勝利から別棟建物の６／９を相続済み

和見の預貯金関係（兄；利男からの電話報告）

四井信託銀行　渋谷支店　21,783千円
四和銀行　世田谷支店　9,980千円
三茶信金　池尻支店　6,978千円
預貯金合計　38,741千円
＊兄は和見の死亡日に葬儀費用として1,200千円を四和銀行から引出したとも報告。

4 相続税の申告制度と申告期限

相続税は、個人（この物語りでは加藤利男さんと杉浦和子さん）が被相続人（この物語りでは加藤和見さん）の財産を相続や遺贈等によって取得した場合に、その取得した財産の価額を基に課される税金です。相続税は、財産を取得した各人の課税価格の合計額が、「遺産に係る基礎控除額」を超える場合、その財産を取得した人に申告の義務があります。

「遺産に係る基礎控除額」は、3,000万円＋（600万円×法定相続人の数）の算式で計算します。相続税の申告書の提出期限は、相続の開始があったことを知った日（通常の場合は、被相続人の死亡の日）の翌日から10か月目の日です。申告期限の日が日曜日・祝日などの休日又は土曜日に当たるときは、これらの日の翌日が相続税の申告期限となります。

5 土地の評価

土地は、原則として、宅地、田、畑、山林などの地目ごとに評価します。土地の評価方法には、路線価方式と倍率方式があります。

イ　路線価方式

路線価方式は、路線価が定められている地域の評価方法です。路線価は国税庁のホームページで調べることができます。路線価とは、路線（道路）に面する標準的な宅地の1㎡当たりの価額のことで、千円単位で表示されています。路線価方式における土地の価額は、路線価をその土地の形状等に応じた奥行価格補正率などの各種補正率で補正した後に、その土地の面積を乗じて計算します。

ロ　倍率方式

倍率方式は、路線価が定められていない地域の評価方法です。倍率方式における土地の価額は、その土地の固定資産税評価額に一定の倍率を乗じて計算します。

倍率方式は一見簡単なようですが、倍率地域にある雑種地（宅地、田、畑、山林、原野など法律（法務省令）で定められた地目以外の土地。資材置き場などがこれに当てはまります）などは、評価が複雑になります。雑種地は倍率が定められていないことが多く、雑種地と状況が類似する付近の土地（近傍地比準地）について財産評価基本通達に基づき評価した1㎡当たりの価額を基とし、各種の補正を行って算定した価額に、その雑種地の地積を乗じて計算した金額によって評価する近傍地比準価格方式などが倍率地域であっても採用されます。

また、倍率地域に存する一定の要件を満たす広大な土地についても、路線価方式と同時に規模格差補正が可能ですが、その場合も単に固定資産税評価額に倍率を乗じるだけでなく、その宅地が標準的な間口距離および奥行距離を有する宅地であるとした場合の1㎡当たりの価額に、普通住宅地区の奥行価格補正率や不整形地補正率などの各種画地補正率のほか、規模格差補正率を乗じて求めた価額に、その宅地の地積を乗じて計算した価額との比較で評価することとされています。

さらに、前記のように評価をした後に、「貸している」、「借りている」、などの土地の権利の価値などを考慮して、最終的な土地の相続税評価額を算出します。このように土地の評価は大変複雑ですので、実際の申告にあたっては税理士に相談されるほうがよいでしょう。

6 相続放棄とその対価

亡きお父様・加藤勝利さんの相続の際、和子さんが和見さんから言われたという「放棄」という言葉ですが、これは正式な法律用語としての相続放棄とは異なります。「分割協議で不動産を取得するのをあきらめてほしい。その代償として100万円渡すから」と言われたにすぎません。

法律用語としての相続放棄とは、被相続人のプラスの財産もマイナスの財産も引き継がない、相続に関する権利を一切放棄することです。相続放棄をすれば被相続人に多額の借金などがあっても引き継がずに済みます。

ただし、相続放棄は初めから相続人ではなかったことになるため、相続放棄をした人の子や孫等への代襲相続も発生しません。なお、相続放棄する場合、相続を知った日から3か月以内に家庭裁判所に申述が必要です。

7 前回の不平等な相続を、今回の相続で修正できる？

和子さんは、父親の相続が不平等だったと根に持っていますね。和子さんは、前回は100万円しか相続できなかったので、今回の相続で前回の不平等を修正してもらいたいと夫の友也さんにも協力を求めています。

かつては、「嫁に行った娘」には「ハンコ代」（正式には代償金）という相続分には到底満たないような金額を渡して、不動産など大部分の相続財産は家を継ぐ長男に、という遺産分割でまとめる傾向がありました。

最近は法定相続分の概念が浸透してきたのか、それで納得する相続人は少なくなってきているようです。ですので、和子さんが、今度は相続人としてきちんと要求するのだ、という気持ちはわかります。ただし、前回の不平等な相続を修正するために過去の分割協議のやり直しを行おうとすると贈与税の対象となるおそれがあります。

ただ、和子さんの意思は、過去の遺産分割のやり直しということではなく、前回の相続での分割を再検討して今回の分割を決めよう、ということのようです。

8 相続人同士で相続遺産を伝える方法

12月に入ってからすぐに利男さんから和子さんに電話がかかってきました。電話での遺産の内容の説明が用件です。これに和子さんがイライラするのももっともです。和子さんが言うとおり、大切な話ですから、顔を合わせて話し合うべきですね。

ただ、「(夫である)友也さんと一緒に」のフレーズは、傍から見ていると心配です。相続人ではない配偶者が入ることで、余計揉めるケースが多いのです。もっとも、今回のケースでは、配偶者の友也さんは冷静な方のようですので結果的に一緒に話し合いをしたのは正解でした。

9 遺産分割協議

遺産分割協議とは被相続人の遺産をどのように分割するかを相続人全員で協議することです。

遺言があれば原則としてそのとおりに遺産分割を行うことになるため、まずは遺言がないことを確認したうえで行います。相続人全員で協議するとはいえ、なかなか全員が一同に会してということは難しいかもしれません。その場合には電話やメール、手紙等といった手段でも構いません。遺産分割協議がまとまったら、遺産分割協議書としてまとめ、相続人全員が署名し、実印での押印をします。遺産分割協議書は、預貯金の相続手続きや不動産の名義変更の際必要になります。

10 相続不動産の査定

友也さんは知り合いを通じて不動産の査定をしました。それぞれの鑑定評価額を平均して、試算するという方法です。実際、その不動産がどれだけの価値があるかを調べないと、納得のいく分割はできませんので、友也さんの取った行動は合理的だと思います。

一方で、必ずしも鑑定評価額＝相続税評価額とならない点には注意が必要です。このことは次の11で詳しくご説明します。

11 路線価と鑑定評価

相続税評価額における不動産の評価は、国税庁が定めた「財産評価通達」に基づいてなされます。これは、路線価または倍率評価（※5参照）をベースに各種の補正を加えてその不動産を評価するというものです。

特殊な事情のある土地については、路線価等よりも低い鑑定評価で申告するケースもあります（坂上弁護士の「路線価より下回る鑑定評価はまずない」という発言については、私の経験の範囲ですと、そんなことはなくて、割とある、と感じます）が、基本的には財産評価通達に基づいて申告をします。申告の段になって、鑑定評価と違うから分割の割合も考え直す、というようなことにならないよう、財産評価通達での評価も一緒に検討すると良いと思います。

12 母親と息子の相続、母屋と別棟の相続割合

別棟建物の和見さんの持分は9分の3で、9分の6は既に利男さんの持分になっているとのことでした。これは和見さんの夫である勝利さんが亡くなったときの相続で、別棟建物については和見さんに9分の3（3分の1）、利男さんには9分の6（3分の2）の割合の共有で取得した、

ということです。

このように不動産を共有にするのは、もし和見さんの単独所有にした場合にその家屋を増改築や売却などをするような場合に契約者として不安があるケースや、二次相続（最初の相続で相続人となった配偶者が亡くなることで発生する相続）の際に利男さんが取得しやすくするためなど様々な理由が考えられます。兄弟の共有は後々面倒になることが多いのに比べて親子間の共有であれば、このような合理的な理由が見出せることがあります。

12月10日（土）第一回遺産分割協議　世田谷区池尻の加藤家

出席者　相続人　加藤利男、杉浦和子
　　　　関係人　加藤美紀子、杉浦友也

第一回遺産分割協議は、美紀子の嫌味な話から始まった。

「英国旅行いかがでしたか？　うらやましいわ。私たちはお母さんが遺してくれた生活用品や衣類の整理で、てんてこ舞いの毎日だったんですよ。世田谷は燃えるゴミが週に二日、資源ゴミが一日に決まっているから、ゴミ出し日は朝から大変なのよ。お義母さんの遺品整理はまだ三分の一も終わってないので和子さん達が必要な物があったら、何でも持って行って下さいね」

これには、友也が柔らかく受け返した。

「旅行は半年前の予約で、しかも安売りツアーなので、変更できませんでした。必要なものは、帰りに見せてもらいますよ」

和子が、友也の話が終わらないうちからしゃべりだした。

「私ね、ずーっと思っていたのだけれど、お父さんの相続の時に、無理やり不動産の放棄を迫られて、すごく悔やんでいるの。お兄さんは庭に家を建ててもらって、自家用車も買ってもらって、たっぷり親の恩恵を受けているのに、妹の私は、[13]**その時に約束した百万円すら受け取ってない**のよ！」

加藤利男が、いつものように小声で、ぼそっと言った。

「そんなこと、いまさら言われても。[14]**親父のときは、十五年も昔の話だ。時効だろう**」

美紀子が利男を急かした。

「さっきまで練習してきた私たちの考えを早く言いなさいよ！」

すると、突然利男がメモを出して、少し大きな声で読み上げ始めた。

「長男としてこの加藤家と墓を守る責任があり、また[15]**長年にわたり母と同居してお世話をし**

てきた実績がある。特に晩年は**母の介護で、**[16]**美紀子にも大変負担をかけた。**したがって、[17]**池尻の不動産は長男である私が相続する。和子には母の預金の半額を渡す。**[18]**実家を守るためにも、これで快く了解してほしい。**お願いします！」

これを聞いた和子は、負けじと声を張り上げて言い放った。

「何を読んで、わめいているのよ！　冗談じゃないわ。私に言わせれば、お母さんのほうが、お兄さん夫婦の面倒を見ていたわ。特に経済面では、新聞代に電気代、お母さんがみんな払っていたでしょう！　それに介護したと言っても、半年も経たないうちに、ギブアップしたじゃないの！　お母さんの再入院も私が病院と掛け合ったのよ。お兄さんは何もしなかった。柿生ホームも私たちが下見して、交渉して決めてきた！　お兄さんは何も動かなかったじゃない！」

あまりの剣幕に、夫の友也が「まあ、ちょっと落ち着いて」となだめる有様であった。

「頭にきた。今日はもう帰る！」

「ともかくは、和子の考えをお伝えしておかないと、交渉にならないぞ」

和子は、兄に負けないような大声で続けた。

「私は、前回の父の相続があまりにも不平等だったから、今回の母の相続については、[19]**民法に則って、不動産も現金も全て五十パーセントの相続を主張します。**[20]それと**父の時の不平等相続を是正するため、一千万円を追加してください**」

第一回協議　決裂（不動産評価は友也の試算）

単位：千円

	加藤利男の主張		杉浦和子の主張	
	利男	和子	利男	和子
不動産	129,861	0	64,931	64,931
現預金	19,371	19,371	19,371	19,371
前回相続の是正			▽10,000	10,000
合　計	149,232	19,371	74,302	94,302
100%	89%	11%	44%	56%

毅然と言い放つ和子を、今度は利男と美紀子があぜんとして見つめていた。

こうして第一回協議は、決裂して終わった。とにかく次回の協議日を決めなければならない。帰りがけに友也は「税金の支払い期限のことがあるから、次回は来週の日曜日にしましょう。来週の土曜日は仕事なので申し訳ないが日曜でお願いします」と言って加藤夫妻の了解をとった。

第一回遺産分割協議を終えて、吉川市の自宅に帰る車内

「土曜日は仕事なんてウソ言って、どうせゴルフでしょう」

「妥協点を見つけるとしたら、母屋を和子、別棟はお兄さんが相続かな」
「いやよ、前回の恨みをはらしたい！　裁判してもいいんだから」
「これは坂上弁護士に相談するしかないな……」

【税理士浦越マキのここが気になる！】

13 以前の相続での取り決め

美紀子さんの嫌味な発言に冷静に返す友也さん、さすがです。ところでその後の和子さんの発言には驚きです。

「その時に約束した100万円すら受け取っていないのよ」

え？　15年前の勝利さんの相続のときに100万円を受け取っていなかったのですね！　お父さんの相続のときの遺産分割協議書に「代償金で渡す」との文言は入っていましたか？　記載してあって受け取っていないとしたら、それは今からでも受け取りましょう。遺産分割の一環としてお金を渡すということであれば、遺産分割協議書に記載をしておく必要があります。

もっとも100万円であれば、今の税制で贈与税の基礎控除（1年間で110万円）の範囲内ですので、お互いに納得していれば贈与として渡すことも可能です。

14 15年前の金銭授受と、今回の相続の関係

利男さんが前の相続のときのことは時効だろうと言っています。時効もなにも遺産分割協議どおりであれば問題ないのですが、問題は先に記載したとおり100万円の約束の部分ですね。どのような分割協議をしたのか、当時の遺産分割協議書が残っていればいいのですが……。

15 同居でいいの？

あれ？　和見さんは利男さんの住む家とは別の母屋で一人暮らしだったはず。夕食を一緒にとっていたり、介護をした期間があったので、同居という感覚だったのでしょうか。

58ページの小規模宅地等の特例についても同居か否かは重要です。同居とは同じ家で生活をしていることです。また実際に相続時に同居状態であっても、たとえば、介護などのために一時的に親の家に同居しているケースでは特定居住用宅地等としての小規模宅地等の特例の適用はでき

ません。

16 義母の介護は、相続でどこまで配慮される？

相続人以外の方のために特別寄与料という制度があります。特別寄与料とは、被相続人の介護などを無償で行うことによって財産の維持・増加に貢献していた親族が、相続人に対して寄与度に応じた金銭を請求できる制度です。

従来の制度では、寄与分が認められるのは相続人だけで、相続人でない親族がどれだけ被相続人の介護を献身的に行ったとしても、相続人でないという理由で相続財産を取得することができませんでした。特別寄与料は、こうした相続人でない親族への救済制度となります。

特別寄与料を請求できる方は、①親族であること、②相続人でないこと、③相続放棄などによって相続権を失った者でないこと、の全てを満たした方です。

特別寄与料を請求するには「被相続人に対して無償で療養看護その他の労務の提供をしたことにより被相続人の財産の維持又は増加について特別の寄与をした」という要件があります。1つ1つ順に説明していきます。

・「無償」というのは得ていた利益が提供した労務と比べて著しく低い場合も該当すると考えら

れています。

・「療養看護その他の労務の提供をしたことにより被相続人の財産の維持又は増加」でいう「療養看護」や「その他の労務の提供」と相続財産の財産の維持又は増加との間に因果関係が認められることが必要です。たとえば、親族が被相続人を介護してくれたおかげで、ヘルパーを依頼した場合の支出を免れた、というような関係が必要になります。単に精神的な支えになっていた、というだけでは要件を満たせません。

・「特別の寄与」とは、労務の提供をした親族の貢献に報いるのが相当と言える程度の顕著な貢献があったかどうか、という観点から判断されます。

特別寄与料を請求する手順は、まず相続人との話し合いで双方の合意が得られれば、それで成立しますが、口頭では後々言った言わないの争いになる恐れがあるので、合意書を作成しましょう。

話し合いが不成立であれば、家庭裁判所に「特別の寄与に関する処分調停」を申し立てることができます。申し立ての期限は、相続の開始あるいは相続人を知ったときから6か月、または相続開始（死亡時）から1年を経過するまでになります。

なお、特別寄与料の支払いを受けた特別寄与者には遺贈により取得したものとみなされ、相続税が課税されます。他方、特別寄与料を支払った相続人は、支払った金額を相続税の課税価格から控除することになります。

では美紀子さんが特別寄与料を主張したら果たして認められるでしょうか。まだ実例が少ないこともあって確実なことは言えませんが、美紀子さんが実際に和見さんの面倒を見てきたことは通常の家族としての世話の範囲であって、顕著な貢献とまでは言えないのではないか、と個人的には考えます。

17 不動産は全部長男、預金は兄妹で折半、の妥当性

利男さんは、不動産は全部長男である自分に、預金は半々にという提案を和子さんにしました。遺産分割協議としてお互いの意思を伝えるという点で、発言内容に違和感はありません。それを受け入れるかどうかは相手の意思次第です。

18 「実家を守るため」に大義アリ？

利男さんの「実家を守るため」という発言には、家督相続時代のような古いイメージが付きまといますね。実際少し昔までは、前にも述べたように、長男がすべて承継して、他の兄弟には代

償金としていくばくか払う、という慣習が特にめずらしくもなかった気がします。

今は法定相続を主張する相続人が多く、とてもそんなことは言えない雰囲気です。ただ、そのために広い実家が売られ、あとにはアパートか、細かく分筆された建売住宅が並ぶという光景に少し残念な気持ちがするのはどうしてなんでしょう。利男さんがそこまで考えて発言したかどうかはわかりませんが、実家につながる祖先の歴史、そして家そのものの価値を考慮すると、なかなか簡単に「分割」できるものでもありません。

19 民法の相続についての定め

民法における法定相続分は次のとおりです。なお、子供、直系尊属、兄弟姉妹がそれぞれ2人以上いるときは、原則として均等に分けます。

〈配偶者と子供が相続人である場合〉
配偶者2分の1　子供（2人以上のときは全員で）2分の1

〈配偶者と直系尊属が相続人である場合〉
配偶者3分の2　直系尊属（2人以上のときは全員で）3分の1

〈配偶者と兄弟姉妹が相続人である場合〉

配偶者4分の3　兄弟姉妹（2人以上のときは全員で）　4分の1

民法に定める法定相続分は、相続人の間で遺産分割の合意ができなかったときの遺産の分割割合と考えるものであり、必ずこの相続分で遺産の分割をしなければならないわけではありません。

相続人全員の合意のもとで行う遺産分割協議により自由に遺産分割をすることができます。

20 前回の相続の不平等を是正するための「1、000万円」の妥当性

前回の相続（和子さんの父・勝利さんの相続）の不平等が、今の価値で1、000万円に相当するのかどうかは、前回の相続財産の価値を評価しないとなんとも言えません。ここは単に和子さん側の主張として捉えておきましょう。

12月18日（日）　第二回遺産分割協議　世田谷区池尻の加藤家

出席者　相続人　加藤利男、杉浦和子
　　　　関係人　加藤美紀子、杉浦友也

結局、年末の仕事多忙で、友也は弁護士で友人の坂上と相談する時間も取れず、二回目の協議を迎えた。

加藤夫婦は和子の強硬な主張に驚いて、初回無料の法律相談や[21]**税務署の相談窓口**に行き、素人なりの理論武装をしていた。利男が口火を切った。

「まず母の相続に絞って、話し合いたい。父の相続が不満だった件は、後で話をしたい。自分は夫婦で母と生活を共にしてお世話し、最後まで母の介護に努めたので七十パーセント、和子は嫁に行って母と長電話する程度だったので三十パーセント、これが法律相談で聞いたこのあたりの常識だそうだ。和子が法律上五十パーセントの権利を持つことは認めるけれど、地価の高い世田谷で権利ばかり主張されると、兄妹の縁が切れることになることも考えてほしい。今後も長男として、池尻の実家を守り、墓守もするから七十パーセント対三十パーセントを受け入れてほしい。具体的には、不動産は全て自分が相続し、現預金は全て和子が相続することでどうだろうか。税務署のアドバイスによれば、[22]**母と生計を共にしていた自分が**

不動産を相続することで、相続税の小規模宅地の特例申請ができる。そうすると八十パーセント不動産の課税価格が下がることで相続税が安くなるので、ぜひ理解してほしい。なお[23]**相続税は、和子の税金も含み、全額を自分が負担しても良い**」

和子が何も言わないので、利男が続けて発言した。

「次に親父の相続時に和子が不満を訴えていることについてだ。[24]**調べてみると和子は母から十年前に一千万円の生前贈与を受けていたよな。これは今回の母の相続の計算に加えないといけない**そうだ。さらに長男として、和子との縁を続けるために、[25]**自分の預金から精一杯の金額の五百万円を追加して渡す**。これで最終的に納得してほしい」

和子も友也も、しばらく返す言葉が見つからなかった。友也は、和子の相続分が現預金三千九百万円＋生前贈与一千万円＋兄から五百万円＝五千四百万円とすれば、不動産が概算一億三千万円の評価なので、おおよそ三十パーセント、利男さんの主張する分割割合のとおりになるなと経理部ＯＢらしく計算をめぐらしていた。

友也が義兄の利男に質問した。

「宅地の課税価格が小規模宅地の特例申請で八十パーセントも安くなる、これは本当ですか？」

利男が、めずらしく勝ち誇ったように言った。

「世田谷税務署に行って聞いてきた。間違いない。一筆もらっている」

友也は返す言葉が見つからない。

和子は、自分が生前贈与を受けたことを指摘され悔しかった。

「確かに母から、友美が大学に進学する時『利男には家や車を買ってあげたけれど、和子にはまだ何も渡してないから』といわれてお金を受け取ったわ。でもお兄さんも、いろいろ受け取っているでしょう！」

「いや、俺に関しては何も受け取っていない。確かに両親の面倒を見るために、家を建ててもらったのは事実だ。車は主におふくろの通院用と買い物用で、おふくろのために夫婦で運転手を務めていたようなものだ」

加藤利男と美紀子夫婦は、今日こそ妹も納得するに違いないと、勝ち誇ったように笑顔を見せた。

「一週間、考えさせてもらいます」和子が発言して第二回協議が終わった。

第二回協議は、利男の主張を聞くばかりで終わってしまった。友也は、交渉には情報入手と事前準備が大切だ、と痛感した。

第二回協議　利男の主張（不動産評価は友也の試算）

単位：千円

	杉浦和子第一回協議の主張		加藤利男第二回協議の主張	
	利男	和子	利男	和子
不動産	64,931	64,931	129,861	0
現貯金	19,371	19,371	0	38,741
生前贈与	0	0	0	10,000
前回相続の是正	▽10,000	10,000	▽5,000	5,000
合　計	74,302	94,302	124,861	53,741
100%	44%	56%	70%	30%

第二回遺産分割協議を終えて、吉川市の自宅に帰る車内

「わたし、悔しい！　兄から生前贈与のことを言われるなんて！　自分のほうがずーっと多くもらっていたくせに！」和子は悔し涙を流していた。

「お母さんが電話で『利男さんにお金を渡した』とか言っていたことはなかったか？　何か思い出さないか？」

「何にも、思い出さないのよね」和子の声が弱くなってゆく。

【税理士浦越マキのここが気になる！】

21 税務署の相談窓口はどう利用する？

一般的な税の質問であれば、国税局の電話相談センターで受け付けていますが、個別具体的な面接相談が必要であれば、納税者の所轄税務署に電話をして事前予約を取ることで、相談を受けることができます。

22 小規模宅地の特例が適用されると相続税は劇的に変わる

2回目の遺産分割協議では、友也さんが弁護士さんと相談できなかった一方で、加藤夫婦は理論武装をしていたようですね。

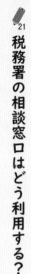

不動産はすべて長男が相続し、現預金はすべて和子さんに渡すというのが利男さんの今回の案です。この案の背景には、居住用不動産には小規模宅地等の特例があるので、その宅地については相続税の課税価格を80％安くできるから、という理由があります。

ここで、小規模宅地等の相続税の課税価格の特例のうち、特定居住用宅地等の要件を整理したいと思います。

特定居住用宅地等の小規模宅地の特例というのは、配偶者か被相続人と同居している親族または一定の要件を満たす非同居の親族が被相続人の居住用の宅地を取得した場合、または被相続人と生計を一にする親族の居住の用に供する宅地について配偶者かその生計を一にする親族が取得した場合に受けられる特例です。要件を満たせば、相続を受ける宅地等のうち330㎡まで課税価格の80％の減額ができます。非同居の場合は、被相続人に配偶者がいないこと、同居親族がいないこと、3年以内に配偶者や親族の所有する家屋に居住したことがないことなど厳しい要件があります。

ただし、和見さんが居住していた母屋の敷地は、利男さんは同居親族でも要件を満たした別居親族でもありません。

一方で、夕飯は別棟の利男さんと共にしていた、というお話もあったので（12月10日の和子さんの発言に「新聞代に電気代、お母さんがみんな払っていたでしょう!」とありました）、利男さんと和見さんは生計を一にしていたともとれます。これだけの状況では断定できませんが、仮に生計を一にしていたとすると、利男さんの居住していた家屋の敷地は特例の利用ができそうです（小規模宅地等の特例については73ページも参照してください）。

相続税の肩代わりは贈与税の対象になってしまいます。贈与税を避けるためには、代償金として相続税分相当額を勘案して渡す、ということになるでしょう。

23 もう1人の相続人の相続税の肩代わりの申出

24 10年前の1、000万円の生前贈与の扱い

えっ⁉ 和子さんはお母さんの和見さんから10年前に1、000万円の贈与を受けていたんですか！ 贈与税の申告と贈与税の納付はされたのでしょうか？ とまずは税理士としては心配になったところですが、どうやら申告をしていないようですね。

申告をしていれば、相続開始前3年以内の贈与財産が相続財産に加算される（支払った贈与税は相続税と精算される）だけですので※、10年前の贈与は今回の相続税に影響を与えません。

※2023年税制改正前。2024年1月1日以後の贈与税加算は段階的に期間が延びて最終的に、2031年以降の贈与は一律7年以内の贈与が相続税加算（4年以上前の贈与についてはその期間の生前贈与の額から100万円を控除した額）される。

なぜなら、贈与が10年前であれば、贈与税の時効が成立しているからです。このまま放ってお

いても贈与税が課されることはないということになります。贈与が成立していてそれが時効になったのであれば、何も相続財産に加算する必要はないと考えますが、税務調査等になると、贈与税申告をしていないのであれば、1、000万円は貸付金等として相続財産にそのまま加算するように調査官から勧められることがあります（この場合は贈与が成立しているか否かが争点になります）。

また、利男さんが言っているのは税金のことだけではなく、民法上の特別受益のことも主張していると思われます。この制度も改正がありますので、ご説明します。

特別受益とは婚姻、養子縁組または生計の資本としての贈与や遺贈により特別に受けた利益のことをいいます。特定の相続人に特別受益がある場合、他の相続人と同様の相続分を取得するのは他の相続人からすると不公平な相続手続きとなります。それを防ぐため、特別受益分を遺産と合算したうえで相続分の計算を行い、特別受益を受け取っている相続人は、そこから特別受益分を差し引いた額の遺産を取得する手続きを行います。これを「特別受益の持ち戻し」といいます。

たとえば、相続財産が1億円、相続人が長男・次男・長女で、長女に2、000万円の特別受益があったとします。この場合、相続財産1億円に特別受益2、000万円を足し、1億2、000万円で相続分を計算します。そうすると、それぞれの法定相続分は4、000万円となります。しかし、長女は特別受益2、000万円がありますから、長女の相続分は4、000万円から2、000万円を引いた2、000万円になります。

「日常的な生活費や教育費、小遣いなど少額の生前贈与」は特別受益に当たりません。しかし、扶養義務の範囲を超えるような相続分の前渡しと認められる程度に高額な婚姻費用や養子縁組費用、生計の資本の贈与等は特別受益に当たるとされます。なお保険金は特別受益とはみなされないと解されていますが、「保険金受取人である相続人とその他の共同相続人との間に生ずる不公平が民法903条の趣旨に照らして到底是認することができないほどに著しいものであると評価すべき特段の事情が存する場合には、例外的に」持戻しの対象となるとされています【判例（最決平成16年10月29日)】。「特段の事情の有無」については、保険金の額、遺産の総額に対する保険金の割合、被相続人と保険金受取人との関係（同居の有無や介護の有無など）、各相続人の生活実態等の諸般の事情を総合考慮して判断すべきものとしています。

なお、2019年7月1日施行の法改正により、特別受益に関する制度が変わりました。

これまでは、被相続人が亡くなる何十年も前の相続人に対する贈与でも、遺留分[※]に関しては期間の制限なく加算の対象でした。しかし、制度が改正され、被相続人が亡くなる10年超前に相続人に贈与された財産に関しては、遺留分の対象にならなくなりました（相続人以外の贈与は1年以内が対象)。

贈与の当事者である被相続人と相続人とが、遺留分を有する他の相続人に損害を加えることを知りながら贈与した場合には、10年という制限はありません。また、2019年7月1日よりも前に発生した相続に関しては法改正の適用はないため、何十年前の贈与でも遺留分算定の基礎財産になります。

※遺留分……遺留分とは法定相続人（兄弟姉妹以外）に最低限保証された遺産取得分です。この権利は遺言によっても奪うことができません。仮に遺言によって第三者に財産を渡すように指定されていても、遺留分を主張することで一定の財産を取得できます。

他に、亡くなった方の配偶者の生活を保護する必要から、結婚20年以上の夫婦間による自宅の遺贈または贈与については、原則として特別受益に該当しないとされることになりました。

和子さんは、和見さんに『利男には家や車を買ってあげた』と言われたことを主張していますが、家は先に亡くなった和子さんの父・勝利さんが利男さん夫婦のために新築した物件。買ってあげたのではなく住まわせてあげた、ということですね。

このあたりも、前の「同居」同様に、税理士が相続の相談に乗っていると依頼者の言葉に混乱してくるところです。事実の誤認は間違ったアドバイスにつながりかねません。税理士も税理士に相談に来る相続人の方も、実際の状況はどうだったのかお互いに注意する必要があります。

25 もう1人の相続人に自分の預金500万円を渡すと言われたら、納得してよい？

利男さんが、遺産分割をまとめるために自分の預金のうち500万円を和子さんに渡すと言っています。これは一見贈与に見えますが、代償分割として現金を渡すのであれば贈与の問題は起こりません。

代償分割は、遺産の分割に当たって共同相続人などのうちの1人または数人に相続財産を現物で取得させ、その現物を取得した人が他の共同相続人などに対して債務を負担するもので、現物分割が困難な場合に行われる分割方法です。

和見さんの遺産である不動産を共有にするのを避けるために利男さんが提案した代償金の額ということになりますね。これで納得するかどうかは和子さんの考えひとつですが、あくまで法定相続分を主張するのであれば、法定相続分より足りないことになります。法定相続分を主張するつもりは和子さんにもないようですね。

12月19日（月）18時　坂上弁護士事務所

杉浦友也は焦っていた。ともかく専門家の助言を受けなければ義兄夫婦の主張に対抗できない。

「定時後の十八時からでも良いか？　アシスタントが帰っているのでお茶も出せないけど」

友也は坂上に電話して、ようやく無理やりアポイントを得ることができた。友也は、社団法人の忘年会の予定をキャンセルした。

坂上は、友也から聞いたこれまでの経緯をノートにメモ書きしながら、質問をはさんでいった。

「和見さんは遺書を残していなかったの？　遺書といっても[26]**公正証書遺言**という公が証明した遺書から、個人的なエンディングノートまで、いろいろなレベルがあるけれど、故人が死後の意思を記述したものとか、何かないか？」

「いやー、義兄は何も言ってなかったから、無いと思うけど……。とりあえず確認してみる」

「お兄さん夫婦は和見さんと生計を一にしていたということだから、[27]**自分たちに不利な遺言があれば、出さない可能性もある。**まずは奥さん自身で遺言の有無を確認するように言ってくれ」

「わかった」

「それと不動産について、池尻五丁目のこの土地には、[28]**道路計画用地等の規制が入っているのじゃないか**？」

「調べてみる」

「和見さんは、高額の現預金をお持ちだったんだね」

「妻の話では、義父の退職金、兄の経営する不動産会社に監査役で入った報酬、それから生命保険も結構あったようだ」

「なるほど。銀行や[29]**証券会社の口座**は他になさそうか？　それと和子さんご自身で通帳を確認したのか？　銀行の残高証明は？」

「現預金の話は義兄が電話で言ってきただけで、他に情報はない。通帳のことは、和子に確認させる」

友也は、初めからプロに相談するべきだったと改めて痛感した。

友也からも、[30]**家庭裁判所の調停**と小規模宅地の特例、生前贈与の三点について、坂上に質問した。坂上はてきぱきと答えた。

「家庭裁判所の調停に持ち込むと、法的な手続きとなる。民法上の決定を行う場合は、損害賠償等、他の法律で認められている権利との相対的な審査以外はありえない。今回の話を聞く限りは『家裁の調停』に持ち込むことはお勧めしない。利男さんの二回目協議での主張は、利男さんのほうは和子さんに歩み寄ろうとする姿勢が見えるから、面倒でも不愉快であっても、こちらはガンガン自分の主張を訴えて、お互いに妥協できる点で、『大枠の合意』まで漕ぎ着けるのが良いと思う」

[31]**小規模宅地の特例制度は、確かに適用可能なら申請すべきだな。ただし詳細な運用規則などがあって、**相続税に強い税理士の先生に依頼することを勧める。その税理士に根拠書類によって税務署と交渉しながら、[32]**相続税の納税申告書**を作成してもらうんだ。素人が行うと特例適用の立証に失敗したり、調査に入られたりと、ろくなことはないから。これまでの情報では、母屋と別棟とで[33]**不動産登記が二筆に分かれていて、固定資産税もお母さんが全て支払っていたということだから、生計を一にしていると言えるのか、特例の適用可否には疑問もある**ので、そこも税理士の先生に相談してくれ。それと税務署から一筆取ってあるという利男さんの発言は信用できないので、『そうした書面があるなら見せてもらいたい』といってほしい」

「生前贈与の時効は一応、六年ということになっている。贈与した年に税務申告していなければ今更申告はできないが、日常生活の中で、お兄さんも生前贈与を受けていた事例を示して、主張してくれ。別棟は利男さん家族で生活していたのなら、お母さんの持分の九分の三には家賃相当の使用料が、贈与されていたと言えるかもしれない。その他、[34]**自動車購入費や、母屋の敷地の駐車場使用料などを生前贈与であると主張することは全然おかしくない。**『たぶん』とか『思っている』ではなく、過去の記録をできるだけ調べて、事実に基づく主張に持っていこう」

「それと、相続人の間で『大枠の合意』ができたら、できるだけ早く相続人間で、この相続手続を担当する弁護士と税理士を決めてほしい。税理士の先生には相続税納税申告書の作成を依頼し、弁護士には遺産分割協議書の作成を依頼する。税理士は、専門的に相続財産や債務の詳細を調べ、葬儀費用も加減計算して、遺産総額が確定する。[35] **弁護士が作成する分割協議書の遺産総額と、税理士の納税申告書の遺産総額が異なっていると、税務署が調査に入るなど、ややこしくなってしまう。**弁護士による分割協議書の作成と同時進行で、税理士に申告範囲の判断をお願いすることになるからだ。税理士と弁護士の連携が大切だ。

あと、相続人の間での『大枠の合意』の際は、『半分半分』とか『概ね六対四』といった曖昧な合意ではなく、[36] **できるだけ端数処理が明確になるように、合意してくれ。**大枠合意ができた後に、最後の分割協議書作成の端数処理で、意外と揉めることもあるから」

一時間の相談で二万円の約束だったが、坂上は二時間近くも助言に努めてくれた。夜八時近くになり、二人は近くの居酒屋で、四十年前の学生時代の思い出に浸った。

「もっと早くお前に相談するべきだった」

友也は、繰り返し何回も坂上に言った。

【税理士浦越マキのここが気になる！】

26
公正証書遺言

遺言書には「自筆証書遺言」「公正証書遺言」「秘密証書遺言」の3種類があります。

このうち公正証書遺言は法的に有効な遺言を確実に残すことができるものと言えます。

公正証書遺言を作成するには、本人と証人2人以上で公正役場に行き、本人が遺言内容を口述し、それを公証人が記述するという方法で作成するのが原則で、作成した遺言（原本）は公証役場で保管され、正本と謄本が遺言者に交付されます。

公正証書遺言は遺言が無効になることがまずなく、公証人と証人が要るため偽造の心配もありません。また、公正役場で保管されていることから、遺言書を誰かに隠される心配もありません。

自筆証書遺言のような家庭裁判所での検認手続きも不要です。

ただし、公正証書遺言の作成には手数料がかかります。手数料は遺言書に記載する財産の価額によって異なり、たとえば、遺言の目的の財産の価額が1億円であれば、作成手数料は4万3、000円です。

遺言者が病気や高齢のために公正役場に赴くことができない場合、自宅や病院で遺言書を作成することができますが、その場合は作成手数料が50％加算されるほか、公証人の日当と交通費等も必要になります。

公正証書の作成のための証人には未成年者や推定相続人、公証人の配偶者などはなれません。証人は後日争いになった際に、裁判で有効な遺言であることの証言を求められます。

公正証書遺言を作成するのに必要な書類は次のものです。

・遺言者の印鑑証明書
・遺言者と相続人の続柄がわかる戸籍謄本・抄本
・遺言者の住民票
・固定資産評価証明書
・不動産登記簿謄本など

27 不利な遺言を隠すとどうなる？

相続に関して自己が不当な利益を得るため遺言を故意に隠匿した場合、相続欠格として相続権がはく奪されることもあります。

28 道路計画予定地等の規制の財産評価への影響

坂上弁護士は、友也さんに道路計画予定地の有無を聞いていますね。もし道路予定地であれば土地の評価が下がり、相続税が低くなる可能性が出てきます。

相続財産である土地の評価は、間口や奥行距離の長さや土地の形状のほかに、本件のような道路計画予定地である場合や高圧線の下であるなど、さまざまな理由で低くなることがあります。土地評価に詳しい税理士に相談しましょう。

29 預金口座以外の金融資産のありか

金融資産は銀行や郵便局にだけあるのではありません。証券会社に株券や投資信託やMRFなどといった形である場合もありますし、保険契約として財産になっていることもあります。通帳だけ見てお金がないと思っても実際には証券会社や保険会社に金融資産が多くあるケースもめずらしくはありません。取引の可能性のある金融機関は全部当たってみましょう。

30 家庭裁判所の調停

被相続人が亡くなり、その遺産の分割について相続人の間で話し合いがつかない場合、家庭裁判所の遺産分割の調停又は審判の手続きを利用することができます。

調停は、当事者が家庭裁判所に調停の申立てを行い、家庭裁判所から指定された調停期日に申立人および相手側双方が集まって行われます。欠席者がいた場合、基本的に調停は成立せず、自動的に遺産分割審判の手続きに移ります。なお、仕事の都合や遠方で出席できない場合は弁護士の代理人出席や電話会議システムを利用する方法があります。

当日は、基本的には当事者間で話し合うことはなく、申立人と相手側が交互に調停室で調停委員と話し合いをします。

調停によって遺産の分け方に相続人全員が納得する合意ができた場合、裁判所が調停書を作成します。これにより調停調書の正本または謄本を利用して不動産の名義変更や預貯金の解約をすることができるようになります。また、調停書は判決と同様の効力がありますので、調停調書の内容に従わない相続人がいれば強制的に調停内容の実現をすることができます。

相続人全員が合意しない場合は調停不成立となり、自動的に審判手続きが開始され、裁判官による審判が行われます。

調停期日は1か月に1回程度の頻度で行われ、協議がスムーズに進めば3か月程度で終了することもありますが、お互いの主張がぶつかると1年以上続く場合もあります。

31 小規模宅地等の特例の運用規則

小規模宅地等の特例のうち、特定居住用宅地等の特例とは、被相続人や被相続人と生計を一にしていた親族が居住用に使っていた土地についての相続税の減額特例を指します。なお、この「等」が付くのは宅地だけでなく宅地の上にある借地権なども対象になるためです。

この特例が適用できると、相続や遺贈の税額計算の際に、330㎡までの土地の相続税の課税価格を80%減額できます。例えば通常の評価額が5、000万円で面積が500㎡の土地であれば、330㎡までは評価額を80%減額できるので、5、000万円×(330㎡÷500㎡)×0・8で2、640万円減額し、結果として課税価格は2、360万円で済みます。このように小規模宅地等の特例の節税効果は大きい分、その要件も厳しくなっています。

特定居住用宅地等の具体的な例として、故人が住んでいた土地があります。介護の必要性により故人が老人ホームに入っていて、要介護認定や要支援認定を受けていたなど一定の要件を満たしている場合、特定居住用宅地等の特例を受けられる可能性があります。

宅地を相続したのが、亡くなった人と別居していた家族であっても、所定の要件を満たすことで小規模宅地等の特例を受けられる場合があります。いわゆる「家なき子特例」です。

その要件は以下となります。

① 被相続人に配偶者及び同居親族がいないこと

② 相続開始の3年前までに「自己または自己の配偶者」「3親等以内の親族」「相続する人と特別の関係がある一定の法人」の名義の家に住んだことがない

③ 相続した宅地を相続税の申告期限まで所有していること

④ 相続開始時に居住している家を過去に所有していたことがない

⑤ 居住制限納税義務者または非居住制限納税義務者のうち日本国籍を有しない者ではない

その他、利男さんのように、被相続人と生計を一にしていた親族の居住の用に供されていた宅地も申告期限まで居住・保有を条件に特例の対象になります。

また、小規模宅地等の特例の適用を受けるためには、相続税の申告書に加えて、以下の添付書類が必要になります。

- 小規模宅地等に係る計算の明細書
- 遺産分割協議書または遺言書の写し
- 相続人全員の印鑑証明書

・被相続人のすべての相続人を明らかにする戸籍の謄本

相続税の申告期限（被相続人の死亡から10か月後）までに遺産分割協議が終わらない場合は「申告期限後3年以内の分割見込書」を添付することで特例の申請が可能です。

さらに、家なき子特例を使う場合は、次の書類も必要になります。

・土地を取得する人の戸籍の附票（前記要件の②、④を証明するための書類）

32 相続税申告書ってどんなもの？

相続税の申告書は、国税庁の下記ｗｅｂサイトから取得できます。

また書き方としては、同じく国税庁の【「相続税の申告のしかた」にある相続税の申告書の記載例を参考にしてください。

ただ、残念ながら所得税の確定申告と違い、記載例さえ見れば誰でも申告書を作成できるというものではありません。というのも、相続税申告書を書く以前に財産の評価を行う必要があるからです。特に土地の評価や、同族会社株を有している場合のその株価の評価は複雑ですので、評価で損をしないためにも専門家である税理士に依頼したほうが無難です。

33 小規模宅地等の特例適用審査の実際

小規模宅地等の特例は特定居住用宅地等に該当すれば330㎡までの部分について80％も課税価格が減額されるため、適用の可否は納税額に大きな影響があります。このため、無理やり特例の適用を受けようと、実際に住んでもいないのに、住民票だけ移すことで同居を偽って申告するなどの事例も見受けられるようです。しかし、税務署の調査では居住の実態などを水道光熱費や郵便物や近所の聞き取りなどによって確認・把握されることになります。

34 あれもこれも？ 生前贈与になるものってなんだ？

相続税の申告書における生前贈与は相続開始前3年間（令和6年1月1日からは徐々に伸びて令和13年以降は7年間）の贈与を相続財産に加算することとされています。この加算する生前贈与の範囲は、お互い贈与の意思をもって贈与された財産です。

坂上弁護士は自動車購入費や母屋の敷地の駐車場使用料などを生前贈与と主張してもよいと言っていますが、自動車購入費は生前贈与に当たるにしても駐車場使用料を特別受益として相続財産に加算すべきかどうかは、法務と税務での差異がある部分かと思います。どこか別の場所で駐車場を借りていれば使用料を払わなければいけない、それを払わずに済んだことによる経済的利益は確かにありますが、税務ではその点をとらえて加算を指摘されるケースはまれでしょう。

相手との交渉に立つ弁護士さんの主張する生前贈与として、ここは捉えておきましょう。

35 相続税の税務調査

相続税の申告書を提出後に税務署や国税局による実地での税務調査が行われることがあります。多くは申告後1年から2年の間に、納税者や申告を代理した税理士に電話で事前通知が行われます。事前通知の内容は、①日時、②場所、③目的、④税目、⑤期間、⑥対象物件、⑦その他で、調査の日時や場所は、納税義務者や担当税理士の都合で調整することができます。

相続税の税務調査の件数はおよそ申告した件数のうちの1割から2割程度と、他の税目より多くの割合で行われています。また税務調査となったもののうちの約8割が財産の計上漏れなどにより修正申告や更正が行われているという状況です。税務署側ではあらかじめ金融機関等への書面照会などにより、調査対象者を選定しています。したがって実地調査によって多くの非違が指摘される結果となっているのです。

税務調査は、通常は調査官2名により1～2日程度で被相続人の自宅で行われます。初日の午前中は主に被相続人や相続人の経歴や生前の暮らしぶりの聞き取り調査が行われ、午後から財産の状況の調査に進むのが一般的です。税務調査では名義預金（名義預金については103ページの[42]参照）の有無がしばしば争点になります。相続人の預金の源泉は何か、誰が管理していたのか、詳細な聞き取りや通帳や印鑑の確認なども行われます。

財産の計上漏れなどが見つかって修正申告をする場合、本税の他に延滞税や加算税（過少申告加算税や重加算税、無申告加算税）が課されます。

[36] 遺産分割協議の金額の合意は端数まで

「遺産分割協議の金額の合意は端数まで」と坂上弁護士が忠告されていますね。協議で揉めていると、たとえ1円でも相手より損をするのは嫌だ、という心理になりがちです。最後になって端数で揉めるようなことがないよう、最初からきっちり合意をしておいてほしいということですね。

12月24日（土）　第三回遺産分割協議　世田谷区池尻の加藤家

出席者　相続人　加藤利男、杉浦和子
　　　　関係人　加藤美紀子、杉浦友也

世間がクリスマスイブを楽しんでいる頃、加藤家では相続人と関係人四名が顔を突き合わせていた。加藤夫妻は、今日こそ和子が合意するだろうと踏んでいたのか、余裕ある素振りでお茶を啜っている。

しかし、和子の冒頭発言で、一変した。

「先週のお兄さんの『不動産は利男、現預金は和子』の部分は、一応了解しますが、生前贈与については、全く納得できません。

生前贈与について、お兄さんは『何ももらっていない』と言っていますが、ウソです。お兄さんたちが住んでいる別棟について、お母さんの持分が九分の三あるのに、[37]**お兄さんは家賃相当をお母さんに支払っていなかった。そしてそれをお母さんも許していた。これは明確な生前贈与です**。池尻近くの家賃相場を参考に試算すると、別棟建設後の合計でこれまでの家賃は千六百万円弱になります。

12万円／月×3／9＝4万円／月×12か月×33年間＝1,584万円

次に母屋の敷地にある駐車場の代金について、お兄さんが言っていた『お母さんの通院と買い物が主な目的で運転手をしていただけ』との主張は納得できません。お兄さんの車の用途は、主に買い物やレジャーで、時々長男の秀男君がドライブに使っていたり、ごく普通の家庭利用で、お母さんの通院専用ではなかった。お母さんは脳梗塞で倒れる前までは、雨さえ降っていなければ、バスで病院通いしていました。たまにお兄さん夫婦が、お母さんを病院に乗せて行くとしても、それは生計を一緒にしている子どもとして親に対する当然の行動です。[38] **母屋の敷地の駐車場代に相当する費用はお母さんからお兄さんに、生前贈与されていたことは明らかです**。これまでの駐車場代の四百二十万円も生前贈与です。

25千円／月×12か月×14年間（父死亡後、利男名義の期間）＝4,200千円

その他にも、お兄さん夫婦が読んでいた新聞の購読料もお母さんが出していたはずです。お兄さんの車については、お母さんが『利男に別棟の改築費用を渡した残金で、利男が購入した』と話していましたが、確証がないので、今日は生前贈与とは主張しません。しかし家賃と駐車場代だけで、二千万円の生前贈与を受けていたことは明白です！」

沈黙の後、利男がボソボソと小声で言った。

「生前贈与は、和子がもらったような現金とか、銀行振込に決まっているんじゃないのか。母屋の敷地の駐車場代が生前贈与などと言われても困る」

美紀子が口をはさんだ。

「お義母さんの住んでいた母屋と私たちの別棟は、生計を共にしていた、いわば一つの家ですよ！　家賃を払っていないとか、駐車場代を払っていないなんて、言いがかりとしか思えません！」

友也がすかさず、和子を応援した。

「私の友人の弁護士に相談したのですよ。生前贈与は、現金や預金に限定されず、別棟のお母さんの持分に相当する家賃や、お兄さんが母屋の敷地にある駐車場を借りていた経費は、生前贈与と主張できるそうです」

重ねるように次のジャブを和子が出した。

「それからお兄ちゃん、[39]**現預金を確認するから預金通帳を見せてください**」

「何だそれは。電話で連絡したじゃないか」

「確認する必要があるのよ。私の財産だから！」

いかにも嫌々ながらの表情で、利男が美紀子にボソリと言った。

「おふくろの通帳を持ってきてやってくれ」

美紀子が持ってきた菓子箱には六冊の通帳があった。友也も和子も、それまで兄の利男からは三口座の残額しか報告されていなかった。

「六口座もあるのですね」思わず友也がつぶやくと、利男が言った。

「メインの銀行口座の残高を連絡していたんだ。ほかの銀行口座は、少額しか残っていない、休眠口座だ」

和子は三茶信金の通帳から、母親の死亡日に六十万円が引き出されているのを見つけて、指摘した。すると、美紀子が
「葬儀費用が不足するといけないと思って、三茶信金からも下ろしました」

「葬儀代は四和銀行から下ろした百二十万円だけではなく、百八十万円だったのですね。百八十万円は手許現金として、また葬儀代関係は領収書を付けて債務として申告してください。」と友也が指摘した。

「お兄さんは美紀子さんが、三茶信金から下ろしたことを知っていたの？」

利男は、「うーん」と曖昧な返事しかしなかった。

「それから、お義母さんは遺言を残していませんでしたか？　エンディングノートでも良いそうです」坂上の指摘を思い出した友也が確認した。

「何もない。お前も知らないよな」

美紀子も「全く知らない」と言う。

第三回協議　相続人の主張（不動産評価は友也の試算）

単位：千円

	加藤利男第二回協議の主張		杉浦和子第三回協議の主張	
	利男	和子	利男	和子
不動産	129,861	0	129,861	0
現貯金※	0	38,741	0	38,741
生前贈与	0	10,000	20,000	10,000
前回相続の是正	▽5,000	5,000	▽12,000	12,000
合　計	124,861	53,741	137,861	60,741
100%	70%	30%	69%	31%

※現預金は修正前

利男がポツリと付け加えた。

「日記のようなノートはあるけど、チラッと見たら、家族や親せきの悪口ばかりで、気分が悪くなった。和子のことも、ひどいことが書かれているぞ。息子の俺なんかは、ボロクソだ。見ないほうがいい」

（日記は遺書とは言えないよねえ……）和子が、ため息を漏らした。

和子は気を取り直して、最後の主張を述べた。

「お兄ちゃんの言う通り、利男七十パーセント、和子三十パーセントを概ね認めるので、前回相続の不公平是正金を、一千万円から一千二百万円に追加を求めます。これでお兄ちゃんも納得でしょう」

利男がめずらしく、怒り顔で言った。

「そんなお金ないよ。どれだけ巻き上げるつもりだ！」

クリスマスイブの日に、四人は夜遅くまで、言い争いを続けた。利男は「不動産は利男、現金は和子プラス五百万円で納得しろ」と主張し、和子は「利男も生前贈与として二千万円受け取っていたことを認めろ」と主張する、利男の妻の美紀子は「和子さんの言う通りにしたら、現金がないので母屋の土地を売却しなければならない。それだけは勘弁してほしい」と涙ぐむ有様であった。

いつまで話していても、水掛け論が続いた。四人とも疲れ果てて、新年早々の一月七日に、再協議することで、この日の協議は終わった。

第三回遺産分割協議を終えて、吉川市の自宅に帰る車内

「美紀子さんは、勝手にお母さんの預金を下ろしてたのよ！　通帳を確認できて良かった。遺産を盗まれるところだった」

「まあ、そんなに悪く言うなよ。葬儀費用で下ろしたのを、お兄さんが忘れていたのかもしれないし。それにしても和子が、お兄さんの生前贈与を指摘すると、夫婦ともども血相を変えて抵抗していたな」

「そうね。ところでお正月は神戸に行くの？」

「ああ、一月二日に日帰りでおふくろの見舞いに行ってくる」

【税理士浦越マキのここが気になる！】

37 払っていない家賃は生前贈与？

民法では、相続人が被相続人から生計の資本等として贈与を受けた場合、特別受益としてそれを遺産に組み入れて相続分を算定するという特別受益の制度があります。ここで被相続人の所有する家屋に相続人が無償で住んでいた場合に特別受益に当たるかどうかという疑問が出てきます。坂上弁護士も、67ページで、お母さんの持分の9分の3には家賃相当額の賃料が贈与されていたと「言えるかもしれない」と話しています。

そう主張することは自由だろうと思いますが、無償で被相続人所有の家に住んでいたことを生計の資本として贈与を受けたというのは難しいのが実際かもしれません。ただ、他から借りずに済んだことで家賃相当額は浮いたわけです。そこを捉えて、和子さんとしては利男さんが得をしていると考えたのでしょう。

ちなみに税務においては、ここは経済的利益として相続税や贈与税の課税の対象になるようなことは基本的にありません。

38 母屋の敷地の駐車場代も生前贈与？

自動車購入費は明らかに贈与ですが、母屋の敷地の駐車場使用料はどうでしょうか。坂上弁護士は「生前贈与と主張することは全然おかしくない」と言っています。確かに別の場所に駐車場を借りれば、費用がかかります。無償で借りていたことは確かに得をしていたと主張できるでしょう。

39 預貯金通帳の確認

和子さんが預貯金通帳を確認するのは当然のことです。相続税の申告において、財産は相続開始時の時価で評価します。預貯金でいえば亡くなった日における残高です。ただし、いくら残高といっても直前に引出しをしていれば正しい評価額とはなりません。また、過去の入出金を調べることで、資金の移動状況や贈与の履歴がわかります。預貯金通帳の確認は正しい申告をするためにも欠かせないものです。

第2章

妻と義兄夫婦、相続税申告までの10か月

1月2日（月）　神戸・東灘の高齢者向け住宅

杉浦友也の母・杉浦陽子は87歳で、神戸・東灘にあるサービス付き高齢者向け住宅で生活している。持病らしい持病はなかったのだが、二年前にベッドから落ちて人工股関節を入れてから、寝たきりの状態になっている。同時に認知症が進み、年に数回であるが、友也が見舞いに行っても、「あら、めずらしく来たんやね、修ちゃん」と声をかける。自分の弟が来たと思い込んでいるのである。二十年前に亡くなった弟と、自分の息子の区別がつかなくなっている母の姿は、悲しいものである。

友也の妹の永井友子は、毎週のように見舞いに来て母の世話をしてくれている。今日も妹が来てくれた。

「『相当弱ってきている』ということで、十日前に訪問看護師が医師の往診を受けさせてくれたのよ。『延命措置をどこまでしますか』と言われたので、前からお兄さんに相談していたように、『母はもう充分に人生を楽しみましたから、無理な延命は止めて、ただ痛みや苦しみは抑えて、天国に送ってやりたいと思います』と言ったんやけれど、それで良かったのかなあ」

「それでいいよ」

友也ははっきりと言った。

幸い母の介護施設費用は、母自身の年金と父からの遺族年金で、相当部分を賄うことができた。不足分は、マンションの売却代と父の死亡保険の預金を取り崩しているが、まだ六百万円は残っていた。その財産管理は妹に任せている。妹は、預金を取り崩すときには、友也に電子メールで通帳のコピーを添付して報告してくれているので、友也は安心している。

阪神大震災で実家は半壊して取り壊されたため、父はわずかな土地売却金に加えて退職金を補充してマンションを購入した。その後、父が肺癌で亡くなり、母が高齢者施設に移ったときに、そのマンションを売却したのである。友也は、そのとき両親が住んでいたマンションの「大量廃棄」とも言える「後かたづけ」に、ずいぶん苦労したことを思い出した。最終的には廃棄業者に想定外の高額を請求されて、ようやくマンション売却にこぎつけたのであった。

友也は、主婦でありパート仕事もしながら母の世話をしてくれている妹の永井友子に、母の財産を全て譲るつもりである。妻の和子と義兄の利男との相続争いを見て、友也は自分の考えを妹に早く伝えたほうが良いと思うようになった。

「おふくろが逝った後の財産は、俺は全部放棄するから安心してくれ。その代わりに最後までおふくろを見守ってほしい。頼む」

預貯金関係（通帳を確認した結果）

四井信託銀行　渋谷支店	21,783千円
四和銀行　世田谷支店	9,980千円
三茶信金　池袋支店	6,978千円
その他３銀行口座の残高合計	293千円
和見死亡日に利男が引出し	1,200千円
和見死亡日に美紀子が引出し	600千円
葬儀費用（葬儀社と戒名）	▽1,320千円
預貯金合計	39,514千円

1月3日（火）　吉川市の杉浦家マンション

和子と友也は、もうこれ以上、利男夫婦と争っていても、埒が明かないとの思いに至った。義兄夫婦との妥協点を探ることにした。

まず預貯金額について、通帳残額を全て記帳し、これに葬儀関係費用を除いた金額を計算した。

次に生前贈与についてである。兄夫婦の拒否感があまりにも強いので、遺産協議の対象から生前贈与の金額は外して概ね七対三で試算してみた。ただし、[40]**和子が生前贈与でもらった一千万円は特別受益とする。**

決裂した第三回協議に対する和子側の妥協案は、次のようになった。

単位：千円

	第三回協議					
	加藤利男の主張		杉浦和子の主張		杉浦和子からの提案	
	利男	和子	利男	和子	利男	和子＊
不動産	129,861	0	129,861	0	129,861	0
現貯金	0	38,741	0	38,741	0	39,514
生前贈与	0	10,000	20,000	10,000	0	0
前回相続の是正	▽5,000	5,000	▽12,000	12,000	▽11,000	11,000
合　計	124,861	53,741	137,861	60,741	118,861	50,514
100%	70%	30%	69%	31%	70%	30%

＊生前贈与は考慮しないが、和子は1,000万円を特別受益とする。

【税理士浦越マキのここが気になる！】

> 40 **生前贈与の、今回の相続税申告書への反映**
>
> 友也さんと和子さんは、過去に和見さんから渡された1、000万円を特別受益として相続財産に加算する選択をしたようです。55ページでは、この1、000万円は相続の計算に加えないといけないと言っていますが、このあたりは24（60ページ）の解説もご覧ください。

1月7日（土）　第四回遺産分割協議　世田谷区池尻の加藤家

出席者　相続人　加藤利男、杉浦和子
　　　　関係人　加藤美紀子、杉浦友也

四回目の遺産分割協議は、新年挨拶も早々に、和子が口火を切った。

「前回は美紀子さんに『母屋の土地を売却するしかない』と言われてしまいました。これ以上、兄妹で言い争うのは避けたいので、思い切って妥協します。現預金は葬儀代を引いて、三千九百五十一万四千円になります。これに前回相続の是正としてお兄さんから一千一百万円頂けたら、合意します。前回協議での『お兄さんも生前贈与を受けていた』との私の主張は撤回します」

利男がボソボソと、しかし懇願するように話した。

「五百万円までは、何とか都合がつくのだが……。それじゃダメか？」

すかさず美紀子が利男を応援する。

「うちももう、本当に余裕がないんです。美鈴も嫁に行くし、秀男も結婚するだろうから、少しは残しておかなければ……」

今回は相手は泣き落とし作戦のようだったが、和子は、

「私の相続分は30パーセントを切っています。これ以上、妥協するつもりはありません」

とはっきり言った。

友也が続けた。

「では、次回協議までに回答をお考えください。それから年も明けたし、夏までには税務申告する必要があるので、弁護士と税理士を決める必要があるそうです。

弁護士には遺産分割協議書を作成してもらい、税理士には納税申告書を作成してもらいます。これは一円単位で細かく計算して、数字をしっかりと合わせる必要があるそうです。弁

護士は、私の学友で相続に詳しい友人がいますので、彼に依頼したいと思います。税理士はお兄さんのほうで、相続に強い先生を見つけていただけませんか」

利男夫妻も特に異存なく、第四回協議は、一時間もかからずに終わった。

第四回遺産分割協議を終えて、吉川市の自宅に帰る車内

「和子が相当妥協したから、お兄さんも内心ほっとしたんじゃないか」

「そう思うわ。あとは美紀子さんが納得するかどうかよ。あのうちは、完全に美紀子さんが、仕切っているんだから」

1月10日（火）　利男から和子への電話

「一千一百万円の支払いに応じる。税理士は、ネットで検索したら、近所の税理士で相続税の本を書いている女性の税理士が見つかった。明日面会に行く。お前も来るか？」

「税理士はお兄さんにお任せします。女性のほうが厳しいと思うけど……」

こうして相続人の間での協議は、事実上決着した。

お互いが選定した弁護士と税理士の情報を共有し、大枠合意した協議結果に従って、専門家同士で遺産分割協議書と相続税の納税申告を進めてもらうことができれば、難航した遺産相続も終わりである。相続問題のヤマを越えて、杉浦友也と和子はひと安心した。

しかし二か月後、利男が決めた税理士から、二人は突然呼び出されることになった。

第3章

妻と義兄夫婦、相続税申告までの10か月

3月25日（土） 宮田税理士事務所

宮田税理士は相続人の加藤利男が、インターネットで見つけて相続税申告を依頼した税理士である。この日、友也と和子が宮田の事務所を訪問した。きっかけは、宮田税理士から相続人の杉浦和子にかかってきた突然の電話であった。

宮田税理士は女性らしい優しい声だったが、電話の内容は強烈であった。

「加藤和見さんのご長男の利男さんからの依頼で、和見さんの相続の件の調査を進めています。色々な事実が見つかりまして、お電話では済まないので、恐縮ですが一度事務所においでいただけませんか。その際に、和子さんが和見さんから一千万円の生前贈与を受け取られた際の、銀行の通帳を全部持参してください。もし和見さんから友美さんの口座に、振り込まれたりしていれば、友美さんの預金通帳も持参してください。それから古い話になりますが、勝利さんの相続の際、和子さんは百万円は受け取られていないとのことですが、その期間の和子さんの預金通帳も、念のためご持参してください」

和子は仰天して宮田に尋ねた。

「そんなに預金通帳が必要なのですか？」

「お手数をかけますが、[41]**税務調査を避ける**ためにも、正確に申告する必要がありますので、ご協力をお願いいたします」

宮田の強い意志を感じさせる電話に、和子は「わかりました。主人と事務所に伺います。お日にちは今度の土曜日でもよいでしょうか？」と言うのが精一杯であった。

桜の開花が始まり、春の到来に人々が集う快晴の週末であったが、杉浦友也と和子夫婦は少し緊張して宮田税理士事務所を訪ねた。

宮田税理士事務所は三軒茶屋駅に近い貸しビルの四階にあった。

宮田は和子が持参した通帳を見ながら、

「六百万円と四百万円に二回に分けて入金されていますね。一か月の期間が離れているのは、なぜですか？」など、質問しながら、通帳に付箋を貼り付けていった。

「あの当時は、実家の母に会いに行くのは、毎月一回程度だったので、母と銀行まで散歩がてら出かけて、振り込んでもらっていました」

宮田は優しい声で和子に尋ねた。

「和見さんから、ご主人である勝利さんの遺産相続の際に、『あなたに悪いことをしたから、お詫びの意味もあるのよ』と言われて一千万円を受け取ったのでしたよね？」

「はい、そうです。『百万円が一千万円になったから、良いでしょう』とも言われました」

和子は専門家にウソはつけないと覚悟して、正直に話した。

「そうでしたか。やっぱり、和見さんの日記通りだったのですね」

和子は驚いて尋ねた。

「母は日記に、そんなことまで書いていたのですか?」

「ええ、依頼人である加藤利男さんから、やっと日記を提出していただきました。最初は、和見さんの預金通帳と固定資産税の納税通知程度しか提出していただけなかったのですが、『税務署の厳しい調査を避けるために必要ですよ』と説明して、ご家族の預金通帳とお母さんの日記もお借りして調べているところです。加藤和見さんの二つの預金口座からの出金と同じ日に和子さんの口座に同じ金額が入金されていることが確認できました」

宮田は、和子の了解を得て、助手に和子の通帳表紙と付箋を貼ったページのコピーを取らせた。

和子と同席していた友也は少し驚いて質問した。「ずいぶん細かく調べるのですね」

「ええ、被相続人の銀行口座から、ご家族やご親族へ財産が移動している場合、調べられる限り調べるのが税理士の仕事です。今は、和見さんの日記と通帳の突き合わせを始めたところです、少しわかり始めたレベルですが」

宮田は、当たり前のように言った。

「和子さんにもう一つ、お願いがあります。一月七日の遺産分割協議で和子さんと加藤利男さんは遺産分割の基本合意をされましたが、利男さんも五百万円の生前贈与を受けていた事実が出てきました。また和見さんが、利男さんご家族が居住している別棟の改築費用を出されていたことや、お孫さん名義の預金、それに簡易保険証書があることもわかって、さらに調査が必要になっています。和見さんの日記も二十冊もあって、このままでは解明に時間がかかってしまいます。私から坂上弁護士にすでに連絡してあるのですが、相続人同士で、隠さず正直に遺産分割協議をやり直してもらう必要があると思っています。この件は、坂上弁護士からも連絡があると思いますので、再協議をお願いします」

杉浦夫妻は、唖然としてお互いの顔を見つめ合うばかりであった。

【税理士浦越マキのここが気になる！】

41 税務調査は避けられる？

税務申告を代理した税理士が一定の書面（税理士法第33条の2第1項）を添付することで、税務調査の前に税理士が意見を述べる機会（意見聴取）が与えられます。その意見聴取だけで問題が解決した場合、納税者への調査が省略されます。また非違（法令に違反すること。また、その行為）があった際の修正申告における加算税の一部免除があります。

書面添付は、申告にあたってどのような資料に基づいてどのように判断したかを明らかにするもので、納税者にとっても有用な情報となります。ただし、添付書面は税理士側にしてみると納税者との信頼関係の構築の上に作成できる書類（事実と異なる記載はペナルティの対象にもなりうる）であり、記載にはそれなりの時間もかかるため、すべての納税者に対応するのは正直難しい面があります。

3月27日（月）　坂上弁護士から友也への電話

「宮田税理士から報告を受けた。利男さんも生前贈与を色々と受けていたようだ。また42『**名義預金の調査が複雑で解明には時間がかかりそう**』と言っていた」

「名義預金って何のことだ？」

友也は、初めて聞いた言葉だった。

「他人名義の預金のことだ。子供や孫名義の預金を作り、相続財産を少なくすることが多い。こうなったら相続人間で正直に生前贈与や名義預金の全貌を明らかにしてもらって、税理士がこれを確認していき、通常の手続きに乗せる必要がある。同時に、遺産総額が変わるので、

【税理士浦越マキのここが気になる！】

42 名義預金

名義預金とは、名義人と真実の所有者が異なる場合の預金をいいます。相続税においては、被相続人以外の名義になっているが、実質的な所有者は被相続人のものと判断される預金が、税務調査等で頻繁に争点になるところです。被相続人が稼得した資金が、配偶者や子供などの名義になっている場合、それが贈与として移転しているのであれば問題ありませんが、親族間で贈与契約書を交わす例も少ないため、贈与が成立しているかどうかが曖昧なケースが多くあります。

国税不服審判所の裁決事例では、「その資金源、預入れの経緯、印章の使用状況、入出金の管理状況及び名義変更等に伴う贈与税の申告状況等を総合勘案して判断するのが相当である」とされ、これが名義預金か否かの基準となっています。

3月28日（火） 和子から加藤利男への電話

杉浦和子は怒りを抑え、できるだけ冷静を装って、兄の利男に電話を入れた。

「税理士の先生に三軒茶屋まで呼び出されて、いろいろ聞いてきました。お兄さんも生前贈与をしっかり受け取っていたのね。それから43**簡易保険も隠していた**のね。主人にも弁護士から連絡があって、いったん同意した遺産分割協議をやり直すよう言われました。再協議を申し入れます！」

【税理士浦越マキのここが気になる！】

43 意外にある？ 保険を利用した生前贈与

死亡保険金は本来相続財産ではなく受取人の固有の財産です。ただし、そうすると預金を保険契約に換えてしまえば相続税がかからないことになり不合理なことになりますので、相続税では、500万円×法定相続人の数の金額の非課税限度を設けたうえで相続税の計算に組み込むこととしています。それを知らず、保険金は相続税の計算には無関係と思っている方が多いのも事実です。受取人の固有の権利だから他の相続人や税理士などには黙っていてもわからないと思ってしまうのですね。

なお、死亡保険金より見逃されやすいのが、「保険契約に関する権利」と呼ばれる契約です。相続開始の時において、まだ保険事故が発生していない生命保険契約（つまり被保険者が被相続人でない保険契約です）に関する権利の価額は、相続開始の時においてその契約を解約するとした場合に支払われることとなる解約返戻金《へんれいきん》の額によって評価します。

解約返戻金のない掛け捨て契約は除かれます。亡くなった人が、生前に配偶者や子供などの相続人、または孫を被保険者として掛け金を支払っていたケースが該当します。たとえ契約者が被相続人でない契約でも保険料を支払っていたのが被相続人であれば保険契約に関する権利の評価が必要です。そのような保険契約があった場合は保険会社に解約返戻金の額を問い合わせてください。

4月8日（土） 第五回遺産分割協議　世田谷区池尻の加藤家

出席者　相続人　加藤利男、杉浦和子
　　　　関係人　加藤美紀子、杉浦友也

桜が散り終わって、菜種梅雨が降り続く週末の土曜日に、再び二人の相続人と二人の関係人が集まった。空模様のように四人の気分も暗かった。

杉浦友也は、事前に妻の和子に「興奮してヒステリックに怒鳴ったりするなよ。深呼吸して落ち着いたら話し出すように」とアドバイスしておいた。

まず友也が、努めて事務的に話し始めた。

「相続人による話し合いの前に、坂上弁護士から事務連絡がありました。

被相続人である[44]**加藤和見名義の預金の解約払出手続きを弁護士が行うための委任状が相続人ごとに八通必要となります。**いずれも相続人の署名と実印が必要です。一通は予備だそうです。また[45]**生命保険の受領手続きを弁護士が行うための代表者選任届にも、相続人の住所、署名、実印を押してください。**

それから加藤和見名義の最終の預金通帳全てとキャッシュカード、郵便局の簡易保険証書、死亡診断書のコピーも、坂上弁護士に届けますので、机の上に出してください。預金通帳は定期も普通も全て、たとえ預金残高がゼロ円の通帳であっても、提出するようにとのことでした」

利男と和子が委任状などに署名、捺印している間に、加藤美紀子が通帳やキャッシュカードを用意して並べた。

「坂上弁護士によると、預金払出には二～三週間必要で、いったん弁護士事務所で預かり、後日に正式な遺産分割協議書によって、相続人に送金することになるとのことです」

杉浦友也は、事務的な報告と署名や捺印の作業を先に行うことで、相続人間の気持ちの高ぶりが抑えられて、落ち着いた協議がスタートできるのではないかと期待したのであったが、加藤美紀子による、予想外の発言で、期待はもろくも崩れた。

「和子さん、『お父さんの遺産相続時の百万円は、全く受け取っていない』と言い張っていたけど、その十倍の一千万円もお義母さんから受け取っていらっしゃったのね。お義母さんの日記には他にも、『孫の友美さんへの大学入学祝い五万円も渡した』とも書いてあったのよ。どういうことなの？」

「何てこと言いだすの！　お母さんの日記を嫁のあなたが、勝手に盗み読みしたの⁉　お兄さんが『おふくろの日記は、家族や親せきの悪口や愚痴ばかり書いてあって、気分が悪くなるから読まないほうがいい』というから、忘れていたのだけれど、税理士の先生から教えられて、とんだ恥をかいたわよ！　お父さんの遺産相続で約束された百万円は、全く受け取っていません！　証拠があるなら、お母さんが私の口座に振込んだ通帳を見せなさいよ！」

和子は、友也のアドバイスどころではなくなり、大声で反撃した。

美紀子も負けじと、言い返した。

「お義父さんが亡くなった当時、お義母さんは元気で、一人で銀行に通っていたし、そんなに古い通帳は残っていません。でも十年前に和子さんに十倍にして渡したことは、お義母さんの日記に書いてあるんです！」

「それがどうしたのよ！　私は最初から十五年前の百万円は受け取っていないけれど、十年前の一千万円は受取っていると言ってるでしょう！　お兄さんは何も生前贈与されていないらしいけど」

和子もすぐに言い返し、兄への当てつけも加えた。

「お義母さんの日記で解ったことは、和子さんへの一千万円は、『お父さんの遺産相続について和子さんの不満を解消するために渡した』ということですよ！　だから、前回の協議で不公平の是正として追加でお支払いするとした一千一百万円は支払いません！」

美紀子は、きっぱりと言い放った。

「そんなこと、相続人でもない人から言われる筋合いはないわ！　お母さんの日記の内容は、娘の私は何も知らないのに、税理士の先生に教えられて、今日は兄嫁に言われて、こんな屈辱はないわ！　母の書いた日記を、他人を経由して知らされた娘の気持ちがわかる？　日記を私に出しなさい！　娘の私には亡くなった母の日記を読む権利があるはず！」

和子は涙ぐみながら、声を張り上げた。

ようやくもう一人の相続人である利男が、小さな声で言った。

「日記ノートは今、全て税理士のところに行ってる。通帳はコピーを取られて戻ってきたけど……」

和子が明らかに興奮した声で、言い放った。

「じゃあ、帰りに税理士事務所に立ち寄って日記を全部引き取ってきます。娘の私が中身を確認して、必要なコピーを取って、全部読み終えてから、税理士に渡すわ！　順序が間違っていたんだから」

一呼吸おいて、和子は発言を続けた。

「お兄さん！　支払いを約束した不公平是正分の一千一百万円を、『支払わない』と言うのなら、契約不履行で裁判所に訴えます！」

利男が何も言わないので、妻の美紀子が口をはさんだ。

「お義母さんの介護のときも、一番大変なときに手伝ってくれなかったでしょう。亡くなった後に、すぐ海外旅行に行ってしまうなんて、私たちは置いてきぼりにされたみたいで、寂しかったわ。喪に服してほしかった」

和子がすぐ言い返した。

「そんなこと、今は関係ないでしょ！　お兄さんに聞いているのよ！　だいたい『介護が大変だから手伝いに来てくれ』といった電話一つなくて、どうして私が押しかけて介護に行けるのよ！」

友也が、手をかざして和子の発言を止めた。

「宮田税理士事務所で聞いたことですが、『お義母さんが亡くなる三年前に、お義兄さんが五百万円の生前贈与を受けていたので、これをどう取り扱うのか、相続人間で再協議してほしい』と言われました」

利男が、低い声で呟くように話し出した。

「おふくろの三茶信金の貯金が限度額一杯になったので、母から通知預金で預かっておいてくれと言われただけだ。前回の話し合いで『お互いの生前贈与は無かったことにしよう』ということになったので、特に言わなかった」

「宮田税理士からは、さらに簡易保険も見つかったと言われています」

「簡易保険のことは気が付かなかっただけだ。忘れていただけ」

友也は、のらりくらりとした義兄の返事に、少しイラッとしたが、義兄の性格から、これ以上追及しても仕方がないと思った。

「意味がよくわからないし、釈然としないけれど、宮田税理士からは『死亡保険金は相続財産ではないが、みなし相続財産とかで税務申告する必要がある』と言われています」

少し興奮が冷めた和子が続ける。

「簡易保険を忘れていたわけはないでしょう！　本当に他に生前贈与は無いの？　宮田先生からは[46]**『生前贈与を意図的に隠して、税務調査で新たな生前贈与が解ってしまったら、脱税になる』と言われています。すごい多額の罰金が取られるのよ！**」

長い沈黙の後、加藤美紀子が重い口を開いた。

「今まで黙っていたけれど、お義母さんが病気になる前にリフォーム代として受け取った五百万円もあります。余ったお金で車を買い換えました。黙っていてごめんなさい」

（やっぱりお母さんが『利男には家や車を買ってあげた』と話していた通りだったのか……）杉浦夫妻はお互いの顔を見合わせた。

友也は、名義預金についても質問をした。

「宮田税理士と坂上弁護士から、『他に孫名義での預金があるかもしれない』と言われました。名義預金というそうです。あるのなら言って下さい」

加藤利男も妻の美紀子も、じっと下を見て沈黙するばかりであった。

「今後どうするかは、坂上先生と宮田先生に相談します」

杉浦友也が最後に発言し、和子もうなずいて、第五回協議は終わった。

第五回遺産分割協議を終えて、吉川市の自宅に帰る車内

「まだ、絶対隠しているわ。税理士に見つかった範囲で教えただけだと思う」

「美紀子さんは、相当な曲者だな。最初から詫びる姿勢はなくて、君への攻撃から始めるのだから」

「本当にもう兄には失望したわ。美紀子さんに言われるままなんだから」

「昔からそうだったよな」

「もう裁判で決着をつけてもらうしかないんじゃない。あなたも覚悟して付き合って」

「ともかく今日の結果は、急いで弁護士と税理士に報告しなければならない。利男さんから変な報告をされたら困るからな。俺は坂上に報告するから、和子は宮田先生に連絡してくれ。日記ノートを返してもらう件もあるしな」

【税理士浦越マキのここが気になる！】

44 被相続人の預金の解約払出手続き

預貯金の解約手続きはまず、取扱い支店等に相続による解約の旨を伝えて、手続きについての問い合わせをしましょう。通常は、遺言か遺産分割協議書、被相続人の戸籍謄本、相続人全員の戸籍謄本や印鑑証明を金融機関指定の相続手続き書類に添付して提出します。預金解約手続きはすぐできるというものではなく、書類を提出してから、数週間から1か月程度かかると考えておいたほうが良いでしょう。

また遺言があればすぐに手続きはできますが、遺産分割協議書を作成できるのは相続人同士での分割が決まってからですので、しばらく被相続人の預金は凍結されたままになります。そうなると葬儀費用の他にも未払いの費用があれば相続人が立て替えなければなりません。その際に活用できるのが、23～25ページで述べた預金の仮払い制度です。

仮払い制度を受けるにも必要な手続きはありますが、解約手続きに比べれば早く入金されますので、適宜利用すると良いでしょう。

45 生命保険の受領手続き

生命保険は、受取人固有の権利ですので、預金等とは異なり、受領するために遺産分割協議書や遺言などは不要です。保険証券から保険会社や保険契約の内容を確認して、被保険者が死亡した事実を保険会社に伝えることで、受領に必要な手続きの書類が手配されます。

通常は、死亡診断書や死体検案書、被保険者の戸籍謄本や住民票、受取人の戸籍謄本、受取人の本人確認書類、保険証券などを、保険会社指定の死亡保険金請求書に添付して郵送します。

なお、受取人が指定されていない場合は、相続人全員に同様の書類が必要になることがあります。また受取人として指定されていた人が被保険者よりも先に亡くなっていた場合、保険会社の約款等の記載にもよりますが、死亡した受取人の相続人が受取人になる場合が多いようです。なお、保険金の請求には時効があります。うっかり請求をしないままにしていると時効にかかって保険金が受け取れなくなることがありますので注意しましょう。

46 相続税の脱税

脱税は犯罪です。場合によっては懲役刑になることもあります。ただし、相続税の税務調査で財産漏れが発覚した場合、すべてが脱税として扱われるわけではありません。財産漏れなどが見つかったときに、うっかり忘れていたのか、意図的に隠していたのかで、ペナルティも大きく変わります（こう言うと、うっかり忘れていた、と言い訳すればいいと思う人もいるかもしれませんが、税務署はそこまで甘くはありませんのでご注意ください）。

うっかり忘れていた場合には、税金を少なく申告したことによる過少申告加算税や申告期限に間に合わなかったことによる延滞税が一般的にかかりますが、意図的に隠していた場合は、重加算税がかかることになります。それぞれの税率は次のとおりです。

・過少申告加算税

新たに納めることになった税額の10％相当額。ただし、新たに納める税金が当初の申告納税額と50万円のいずれか多いほうの金額を超えている場合には、その超えている部分については税率15％になります。なお、修正申告（期限後申告に係るものを除く）を調査通知以後に決定や更正を予知せずに提出した場合には、納付すべき税額の5％（期限内申告税額と50万円のいずれか多い額を超える部分は10％）の過少申告加算税が課されます。なお過少申告加算税の額が5、000円未満の場合は徴収されません。

・延滞税

法定納期限まで完納しない場合や、期限後申告や修正申告等のより納付税額が生じた場合に課される税金です。納期限の翌日から2月を経過するまでの期間は令和4年1月以降は2・4％（本則は7・3％）、2月を経過する日の翌日以後は8・7％（本則は14・6％）です。

・重加算税

事実を仮装・隠ぺいし申告をしなかったり過少に申告をした場合、過少申告加算税や無申告加算税に変わって課されるペナルティです。過少申告加算税に代えて課される場合には、新たに納付する税額の35％が重加算税として課されます。無申告加算税に代えて課される場合は、納付すべき税額の40％が課されます。

・無申告加算税

申告書を提出期限までに提出しなかった場合に課されます。納付すべき税額の50万円までは15％、50万円を超える部分は20％です。ただし、期限後申告とその修正申告については、調査通知以後に決定や更正を予知せずに提出された場合には、納付すべき税額に10％（50万円を超える部分は15％）の割合で無申告加算税が課されます。

4月10日（月）　9時　和子から宮田税理士への電話①

朝九時過ぎ、事務所の仕事が始まる時間を見計らって和子は宮田税理士事務所に電話した。

「先週土曜日に、再度話し合ったのですけど、兄の利男は先生が見つけた生前贈与や生命保険については暖簾に腕押しでのらりくらり、かわすばかりで、逆に美紀子さんが私が一千万円受け取った理由が、前回の不平等の是正だったことだとわかったら、『一千一百万円の追加支払いは行わない』と言い出したりで、全然話し合いになりませんでした。もう兄夫婦と話し合うことはできません。先生、家庭裁判所の調停をお願いしたいです！」

和子の懸命の訴えをじっくり聞いた後、宮田は、落ち着いて話し出した。

「子供の頃は仲が良かったお兄さんとの相続争いは、さぞお辛いことでしょう。私もよくわかります。裁判にもっていくことについては、坂上弁護士とよくご相談してください。ただし七月に相続税申告の期限が来ることを忘れないでくださいね。七月まではあと三か月しかありません」

和子は、坂上弁護士には主人から相談してもらうことを宮田に伝えた。すると宮田から思わぬ質問が返ってきた。

「ちょうど私も、和子さんにお尋ねがありました。この電話でお聞きして良いでしょうか。和見さんの日記をさかのぼって調べてゆきますと、十年前に『三人のお孫さんにそれぞれ三百万円を渡した』との記述がありまして、加藤家から預かった通帳を確認しました。そうしたところ、その頃に孫の美鈴さんと秀男さん名義の新通帳に現金で入金記帳されていました。和見さんから友美さんのためのお金を渡されていませんでしょうか？」

優しい声ではあったが、この質問は和子の心臓に突き刺さるようなショックを与えた。

「先生、ごめんなさい。秀男君が交通事故にあって入院したときに母から連絡があって、『孫三人に平等に三百万円渡すから』と言われて現金は受け取っています。友美の銀行口座を作って入金しました。友美には結婚するときに渡してあげようと思っています。しかしこのことは主人にも話していません。どうしたら良いでしょうか」

和子は、最後には泣きながら自白せざるをえなかった。

宮田は、怒るわけでもなく落ち着いて言った。

「やっぱりそうだったのですね。最初に私の事務所に来ていただいたときに友美さん名義の通帳も持参して、報告して頂ければ良かったのですけれど……。ご主人には、いずれわかる話ですから夫婦間で話し合っておかれたほうが良いと思いますよ」

この後、和子から宮田に友美名義の通帳コピーを郵送すること、和見の日記ノートは、利男の了解を得て宮田から和子宛てに宅急便で後送すること、を決めて長い電話が終わった。

4月10日（月）　20時　吉川市の杉浦家マンション

杉浦友也は、二十時過ぎに吉川市のマンションに帰宅した。

友也が帰宅してすぐ、和子は『あなたにも内緒で、母の和見から娘の友美への三百万円を受け取っていた』と友也に告白して謝罪した。

「黙っていてごめんなさい」

友也が笑いながら「何だ、和子もしっかりヘソクリしていたんだ」と言うと、和子は「私のはヘソクリではなくて、友美が結婚するときに渡そうと思っていたのよ。それを宮田先生に指摘されてしまったの」と言った。

友也はそのとき気が付いた。

「ちょっと待ってくれ、[47]**受け取ったのが十年前の話なら、生前贈与の時効は確か六年と書いてあったから、申告する必要はないと思う**」

「宮田先生の口ぶりでは、とても申告しなくていいとは思えないけど、明日聞いてみる」

今度は友也が坂上に相談した結果を和子に伝える番だ。

「坂上の意見は『家裁調停に持ってゆく前に、宮田税理士に遺産総額を確定してもらうことが優先で、そのためには相続人と関係人が隠し立てせずに事実を明らかにしてもらうしかない』ということだった。宮田税理士に俺からも相談するが、弁護士と税理士が同席して、協議してもらうしかないな」

【税理士浦越マキのここが気になる！】

47 10年前の生前贈与の取扱い

10年前に贈与が実際あったのであれば税務上は時効です。ただし、受贈者が現金をもらったことを知らなかったなど、贈与が成立していない場合には、依然としてその財産は元の所有者に帰属していますので、相続財産に計上することになります。このとき、貸付金などの名目で計上することが一般的です。

民法上は、相続財産の前渡しなのかどうなのかを検討することになるでしょう。他方、相続人にとっては10年前であろうが20年前であろうが、自分の知らないところで自分以外の相続人に贈与した財産が渡っていたということはどうしても腹立たしい気持ちになるものです。贈与する側も注意を要するところだと思います。

新たに判明した加藤和見の遺産

単位：千円

	遺産総額	
	1月7日大枠合意	4月8日協議後
不動産	129,861	129,861
現貯金	39,514	39,514
利男への生前贈与	0	10,000
和子への生前贈与	10,000	10,000
3人の孫名義預金	0	9,000
合　計	179,375	198,375

他に死亡保険金	0	6,000

＊アミカケが新たに判明した遺産

4月11日（火）和子から宮田税理士への電話②

昨夜、夫から「十年前の贈与は時効である」と言われた和子は再度、宮田税理士事務所に電話を入れた。

宮田の回答は簡明だった。

「贈与は確かに時効がありますが、和子さんがお母さんから受け取った三百万円は贈与とは見なされません。[48]**通帳と印鑑を和子さんが所有して、友美さんご自身がその事実を知らされていなかったことから、名義預金になります。加藤家の美鈴さんと秀男さん名義の預金も、同様に申告が必要です**」

【税理士浦越マキのここが気になる!】

48 被相続人の孫の預金

杉浦友美さん名義になっていた300万円が名義預金であると税理士が言っています。理由として、通帳と印鑑は和子さんが所有していること、またそもそも友美さんがその事実を知らされていないということを挙げていますが、そのとおりです。

贈与については民法549条に「贈与は、当事者の一方がある財産を無償で相手方に与える意思を表示し、相手方が受諾をすることによって、その効力を生ずる。」と規定されています。つまり、贈与はお互いに、贈与するよ・もらうよ、という意思の確認が必要なのです。この点において和見さんから友美さんへの贈与は成立していないことは明らかというわけです。

妻と義兄夫婦、相続税申告までの10か月

第4章

4月13日（木）　10時　神戸の妹からの電話

杉浦友也は、新年度を迎えて多忙を極めていた。小規模な公益社団法人ではあるが、五月の社員総会に備えて、前年度の事業報告書の作成と決算監査、監督官庁への新年度計画の事前説明など、常勤専務理事としててんてこ舞いの毎日であった。

事務局長と朝の打ち合わせの最中に、妹の永井友子から電話が来た。スマホ画面の「神戸妹」の表示を見て、友也は「おふくろに何かあった！」と直感した。妹の友子は、いつもはＬＩＮＥのメール連絡で、電話のときは非常時に決まっていたからである。事務局長に断って、窓際に移動して電話に出た。

「おはよう。どうした？」

「お母さんが亡くなりました。朝、施設から呼び出されて行ったら、お医者さんがもう来られていて、『亡くなってる』と言われました」

妹が、いつもの関西弁を使わないときは、緊張しているときであるのを友也は知っている。

「仕事を切り上げたら、すぐに神戸に行く。三時過ぎには到着できると思う。友子は篠原葬儀社に連絡してくれ」

友也は、母が亡くなった場合の段取りを事前に友子と相談していたので、迷わず葬儀社を指定した。祖父母も父も、篠原葬儀社の世話になっていた。

新幹線のプラットホームから、発車する新幹線に乗り込むまで、友也は電話をかけ続けた。仕事のキャンセルと変更の依頼である。経済産業省や内閣府などのお役所と、上司である理事長にはみずから連絡せざるを得ない。

新幹線の車中で友也は、「何とか急いで葬式を済ませて、翌週十七日の月曜日には仕事に戻らなければ」と仕事のことばかり考えていた。十八日には理事会があるので、前日はその準備に集中しなければならない。新幹線の車中、今朝亡くなった母への思いや悲しみは、全く浮かんでこなかった。

新幹線が名古屋を過ぎたころ、友子からメールが入った。「篠原葬儀社の家族葬ホールに寝台車で向かっている」とのことだった。

4月13日（木）　16時　神戸市東灘区　篠原葬儀社

友也が篠原葬儀社の家族葬ホールに到着したときには、すでに母の亡骸は清められ、白布団にくるまれて眠っていた。

認知症が進んで、たまにやってくる自分の息子を、子供時代に生まれ育った長田区寺岡町の実家に弟が来たと思い込んでいた母。友也が施設を訪れると母が「修ちゃん、よく来たんやね」と言う。そのたびに、「違うよ、あなたが生んだ息子で、俺は友也だ！」と言い返していた自分を、全く思いやりの無い息子だったと、今はもう悔やむばかりである。

友子は泣きながら「最期はやせ細って、とても軽くなってしまって、痛ましかった」と友也に言った。そして、「お母さん、遺言を残してあったよ」と、思いもかけないことを言い出した。

母は認知症が進む前に、友子に箪笥の一角を指さして、「死んだら、ここに全部入っているから、よろしくね。でも友也に言うと、あの子は勝手に持ち出したりするから、黙っていなさい」と言い残していたそうである。友子が茶封筒の中を見ると書類が入っているだけのようだったので、当時は気にも留めなかった。母が亡くなって、友子が改めて茶封筒を開けてみると、中に[49]**「遺言公正証書」正本と謄本が各一通、簡易生命保険証書が一通**、それに別の白封筒には、一オンスのウィーン金貨が五枚入っていた。

永眠した母の布団の前で、友也と友子はまず「遺言公正証書」を読み始めた。

遺言公正証書

本公証人は、遺言者杉浦陽子の嘱託により、後記証人二名の立会いのもとに、遺言者の口述した遺言の趣旨を筆記して、この証書を作成する。

第一条　遺言者は、遺言者の有する一切の金融資産を、長女永井友子（昭和四十三年一月二十三日生）に四分の三、長男杉浦友也（昭和三十六年六月三日生）に四分の一の割合により相続させる。

第二条　遺言者は、前条に記載した財産以外の、遺言者の有するその他一切の財産を、長女永井友子に相続させる。

第三条　遺言者は、この遺言の遺言執行者として、長女永井友子を指定する。

2　前項の遺言執行者永井友子が、この遺言の執行前に死亡し又はその執行が不能となったときは、永井友子に代わる遺言執行者として、杉浦友也を指定する。

3　遺言執行者は、この遺言に基づく預貯金等の金融資産について名義変更、解約及び払戻し等をする権限並びに遺言者の権利に属する金融機関の貸金庫について開閉、内容物の引取り及び貸金庫契約の解約などをする権限その他この遺言を執行するに必要な一切の権限を有する。

4　遺言執行者は、本遺言の執行に関し、第三者にその任務を行わせることができる。

第四条　遺言執行者は、次の費用等を遺産から随時支出することができるものとする。

(1)　遺言者の葬儀及び埋葬費用

(2) 遺言者の未払いの医療費、日常家事債務、租税公課、その他一切の債務

本旨外要件として、「遺言者杉浦陽子が、印鑑証明書の提出により、人違いでないことを証明した」とあり、二名の証人の住所・公的職名・氏名・生年月日の記載、「上記各条項を、遺言者及び証人に読み聞かせ、かつ閲覧させたところ、各自その筆記の正確なことを承認し、それぞれ次に署名押印する」との記載があり、最後に公証人の署名捺印が押されていた。

「それにしても、俺はおふくろに嫌われていたんだな……」

友也は、ため息をつき、苦笑した。

友子は、「私はずっと神戸に住んでいたから。母も安心したかっただけよ」と慰めてくれた。

友子によれば、母名義の口座がある[50]**信託銀行の提案で、介護施設に入る前に、この遺言を作ったのではないか**とのことであった。

友也は、母親が「自分自身で遺産相続を全部決めていたのだ」と納得するしかなかった。

【税理士浦越マキのここが気になる！】

49 遺言のかたちと所在

公正証書遺言には原本、正本、謄本があります。このうち原本は公証役場に保管されるもので、正本と謄本は本人に交付されます。遺言を作成した本人は正本と謄本を保存し、亡くなった後に相続人がすみやかに発見できるようにしておくべきです（公正証書遺言は69ページ参照）。

一方、「自筆証書遺言」は手軽に作成できて書き直しが容易で、遺言の内容を自分以外に秘密にできるというメリットがある一方、形式要件を満たしていないと遺言が無効になるリスクや、紛失または遺言者の死後に忘れ去られるリスク、遺言書を勝手に書き換えられたり隠されたりするリスクがある、といったデメリットがあります。

また、相続に際し、自筆証書遺言は相続人が勝手に開封せずに、遺言書を家庭裁判所に提出して「検認」を受ける必要があり、その際に相続人全員の戸籍等を添付して申請しなければならないという手間もデメリットとして挙げられます。

こうしたデメリットを軽減することができるのが、2020年7月10日から始まった「遺言書保管制度」です。

「遺言書保管制度」とは、法務局に自筆証書遺言を預け、原本に加え画像データとして保管する制度です。この制度のメリットとしては、次のことが挙げられます。

① 遺言の形式ルールのチェックを受けられる。

遺言書の保管を法務局に申請する際、法務局の窓口で職員から遺言書の外形的な確認を受けます。この確認の中で、遺言の形式ルールが守られているかチェックを受けられます。形式ルール違反があった場合、窓口で間違いを教えてもらえるため、形式ルール違反により遺言が無効になるリスクを減らせます。

② 法務局の保管によって紛失や盗難、偽造や改ざんを防ぐ。

法務局で遺言書の原本と画像データが保存されるため、紛失や盗難などのおそれがありません。

③ 相続人に発見してもらいやすくなる。

遺言者が亡くなったときに、遺言書が法務局で保管されていることを相続人全員とあらかじめ指定された方に通知してもらうことができます。これにより遺言書が発見されないことを防ぎます。

④ 検認手続きが不要になる。

遺言保管制度を利用した場合、相続人が遺言書を開封する際の検認が不要になるため、スムーズに遺言書の内容を実行できます。

50 高齢の顧客に対する相続を見越した信託銀行の助言

大相続時代の到来といわれる昨今、信託銀行などは遺言作成サービス、遺言執行サービスを通じて預金や不動産取引等の確保に努めています。利用者側としては、窓口が一つで便利ではあるのですが、それなりの手数料はかかるということも知っておきましょう。

4月14日（金）　篠原葬儀社　家族葬ホール

翌日の午前、友也は妹の友子に、銀行に行って母の預金から葬儀費用として五十万円をカードで下ろすように言った。

その後の友也は「十七日の週も忌引き休暇を取らざるを得ない」旨の連絡に追われた。理事会が火曜日にあるので、前日の月曜日には東京に戻って準備する必要があったが、高齢者が増え過ぎたためなのか、公営火葬場の甲南斎場が満杯で、希望通りの日程で葬祭はできなかったのである。葬儀社と交渉したが、結局のところ、二十一日金曜日仮通夜、二十二日土曜日通夜、二十三日日曜日告別式と初七日法要の予定が、最速であった。

理事を務めている公益社団法人の理事長が、「そんなに急がんでもいいから、ゆっくりお母さんの供養をしてください。理事会は私が何とかするから」と言ってくれたので、友也はほっとした。事務局長からも、「わからないことはメールで尋ねます。心配無用です」と連絡があった。

ほどなくして友子が家族葬ホールに戻ってきた。

友子によれば、銀行の窓口で「母が亡くなったが、公正証書遺言があるので、預金の引出しができるのか？」と質問したところ、[51]**死亡届、公正証書遺言、永井友子と杉浦友也の本人確認書類と銀行カードを持参すれば、それだけで母の預金を、兄妹に支払うことができると言う**。友也は、公正証書遺言の威力に、驚愕するばかりであった。

友也の妻の和子と娘の友美は、夕方に喪服姿で神戸に到着した。友也の喪服は友美が持参してくれた。二人は義母であり祖母である杉浦陽子の枕元で線香を上げ、陽子と対面した。和子は三年ぶり、孫の友美は十年近くも会っていないので、加藤和見が亡くなった当日とは違い、二人ともあまり感傷的にならなかったようである。

しかし友子から、「お母さんから思わぬプレゼントがあったのよ」と一オンスのウイーン金貨を見せられて、二人は驚きの声を上げた。

「まあ……なんて美しいの。純金の本物の金貨なんて初めて見たわ！　大きいのね！」

慌てて友也は言った。

「触るなよ、指紋が付く。これは俺たちの金貨じゃない。おふくろが『妹へ渡す』と、遺言書にしっかり書いてあったものだ」

仮通夜は、友也の家族三名と、友子の家族四名、それに友子の親しい友人二名が出席しただけの慎ましいものだった。

【税理士浦越マキのここが気になる！】

51 亡くなった親の預金を子どもが受け取る方法

遺言があれば、その他の必要な書類（死亡届出や戸籍などの本人確認書類）を金融機関に提出することで、亡くなった親の預金を解約して、遺言で指定された者の口座に移すことができます。

遺言がなければ遺産分割が終わってから、遺産分割協議書を提出することになるため、解約までにはそれなりの日数がかかります。（遺産分割協議については 9（40ページ）をご覧ください）。

4月23日（日）　16時　神戸市立甲南斎場

甲南斎場は、六甲山の麓から曲がりくねった山道を上った中腹の山際に、市中からは目立たぬように造られている。夕暮れの始まりの中で、陽子の火葬が終わり、友也と妹の友子は、最初に二人で箸をつまんで母の骨揚げをした。

そのとき、和子は骨壺が小型であることにいささか驚いた。

「まあ……母のお骨は全部、一粒も残さず骨壺に入れてくれたのに、神戸では残りは棄てられてしまうの！」

和子が思わず声を上げた。家族で主な骨だけを骨壺に入れ終わると、火葬場の従業員が残りの骨と砂を箒でさっとまとめてかたづけてしまったのである。

「祖父母も親父のときも、こんな小さな骨壺だったかなあ」

友也も思わず声が出た。

大学を卒業して神戸から離れて四十年が経つ。友也はすでに神戸の人ではなくなっていた。

「神戸では昔から大きなお骨しか入れない風習なんです。残りは捨てるわけではなくて、神戸市が共同埋葬してくれるそうです。父のときも同じでした」

友子が説明した。

こうして友也の母・陽子の葬儀と遺産相続は、同時に終了した。

妻と義兄夫婦、相続税申告までの10か月

第5章

4月下旬　加藤和見の日記

神戸での母・杉浦陽子の葬儀が終わった後も、杉浦友也は専務理事を務める社団法人の仕事に追われて多忙を極めていた。友也の勤める社団法人は、四月新年度から五月中旬の社員総会までが年間で最も忙しい。今日も日曜日にもかかわらず、友也は決算監査で出社していた。

その間に和子は、税理士の宮田から宅急便で送られてきていた母・加藤和見の日記ノートを、読み進めていた。日記は、夫・勝利が亡くなって池尻の母屋で一人暮らしを始めた時代から始まり、最後は和見が脳梗塞で倒れる直前までの十二年間分の記録が大学ノート二十冊に記録されていた。

母は、電話では「ボケ防止で日記を書いている」と言っていたが、娘の和子がその日記を読むのは初めてである。

母の日記には、月・日・曜日に続いて、鉛筆書きで、とても老女の筆跡とは思えないような、濃く太く大きな文字で、その日の出来事が記載されていた。きっと就寝前に、和子が使っていた勉強机に背中を丸めて座り込んで、2B鉛筆を使ってその日の出来事を熱心に書いていたのであろう。娘の和子にはその姿が目に浮かぶ。

2B鉛筆は、和子が大学の卒業論文で染色後の布の強度や伸縮の測定データを記入するために一ダース買って、そのまま机にしまっておいたものに違いない。

母の日記は「主人が亡くなって一人になったから、利男や美紀子さんに頼らず、何でも自分でやる」との決意から始まっていた。

自分の体の好不調、病院の検査結果への不安、庭の手入れ、妹との電話で親戚の悪口を語り合ったこと、孫の成長、特に孫が交通事故や病気で入院した時、心配のあまり神社でお祓いし、明け方まで神様に祈り続けていたこと、などこと細かに書かれており、読み進めるごとに涙が溢れた。

一方で、家族への愚痴や悪口、あきらめもたくさん書かれていた。特に長男である利男への批判と嘆き、利男の嫁の美紀子の振舞いから服装、料理、髪形まで、嫌味たっぷりに書かれていた。

和子は、「嫁と姑が仲良しのわけがない。血の繋がった娘と母でも、波長が合わないことが多いのだから」と思わず独り言を漏らした。

孫への教育についても、「両親が熱心ではない、塾やそろばん教室に通わせるべきだと、今夜二人に意見してやった」など書いてあり、相当うるさ型のお婆さんでもあった。

長女の和子に対しても、「午後からずっと家に来て、何のかんのとよく話す娘だ。半日一緒にいるだけで疲れてしまう。夕食まで食べて、やっと帰って行ってほっとする」などと書かれていた。その一方で、毎週一回の電話連絡を怠ると、「和子は電話すらよこさない。薄情娘だ」とひどい書き方である。自分本位と言うのか、自由奔放と言うのか、和子には理解できない、わがままな母の本心を知った。

しかし母の日記で感傷に浸ったり、反発を感じている余裕はない。兄の利男とその妻・美紀子、そして自分自身について、母の日記から相続に関する記録を抜き出していかねばならない。

加藤和見の日記から杉浦和子が抜粋した相続関係部分（いずれも月日がまず記載されていて、その後に書かれていた内容の抜粋）

① 利男たちも親のおかげで家もただ、[52]**車もお風呂も、私が一千五百万円出して買ってやったようなもの。**

② 家電量販店に行き、洗濯機と体重計を買う。いつになっても利男は自分で買うとは言わない。いい年をした息子に買ってやる親は少ないだろう。

③ [53]**今月の食事代を渡す。**いい加減に「お母さんはもういいです」と言ってもいいはずなのに。こんな年寄りが食事代を自分で出しているなんて。

④　妹に電話で「食事代は自分が払ってる」と言ったら、びっくりしていた。八十二歳になっても私は払っている。利男には二千万円（難読で一千万円とも読める）もやったのに。

⑤　秀男が交通事故にあって入院した。利男が（自分（和見）を）病院に連れて行ってくれないので、心配でたまらない。夜明けまで眠れず、お祈りを続けた。明日、三茶信金から三百万円を下ろして渡すことにする。

⑥　妹に孫が交通事故に遭った話をした。54 **三百万円を渡したと話したら、「美鈴と友美にも、三人の孫には平等に渡したほうがいい」**と言われた。

⑦　和子から電話。一時間の長電話で疲れた。友美にも三百万円渡すと言ったら、来週必ず来て受け取ると言う。現金な娘だ。

⑧　三茶信金の担当は、電話してもすぐ来ないし、融通が利かない。ずいぶん貯金してやっているのに、サービスがなっていない。引出して信託銀行に変えるか、どうするか。考えていたら和子から電話があって、泣きながら、孫の友美が入院したという。腫瘍ができたそうだ。和子に一千万円を渡すと言って励ました。

⑨ 55 **和子と三茶信金に行き、一千万円下ろすと言ったら、支店長に「現金が足りないから半分にしてくれ」と泣き落とされた。**情けない銀行だ。六百万円を下ろして、和子の銀行に行き入金した。振込料が無料になってよかった。

⑩ 和子と信金に行き、残りの四百万円を渡した。お父さんの時に約束していた百万円を十倍にして返してやった。友美の退院と合格祝いの五万円も渡した。和子はルンルン気分で帰っていった。

⑪ 三茶信金に電話して、五百万円引き出すので持って来いと言ったが、できないと言う。手ぶらで家に来て、一時間話し合ったが埒《らち》が明かない。預けるのは簡単だが、払い出しは嫌がる。困ってしまう。結局、利男の口座に振り替えることになった。面白くないが、和子に一千万円渡したので、利男にも半分ぐらい渡すのは仕方ないか。利男には、「あなたの口座に預けるだけ。私が病院や薬で必要な時には、下ろして持って来るように」と言っておいた。

⑫ 家の修理工事業者が見積もりに来る。屋根の水漏れと台所のリフォーム。利男夫婦が、ちゃっかりと自分たちの家の台所や、壁の張替え、換気扇の交換まで、追加見積を出した。我が家は百八十万円だが、あちらも百万円かかるらしい。お金は私の財布から出すのに、業者は

利男夫妻にペコペコしながら説明している。こっちは無視。おもしろくない。

⑬ 美紀子さんと三茶信金に行き、リフォーム代の五百万円を利男の四和銀行口座に振り込んだ。これで三茶信金に預けている預金はだいぶ減った。

和子は困惑した。月日が進むほどに母の筆圧は弱くなり、記述は短くなり、その内容も要領を得ない表現や、意味不明な記述が目立つ。また執筆中に眠ってしまったらしく、判読が不能な文章や、途中で終わっている日も度々あった。また前日の記述と同じ内容が、翌日もほとんどダブって書かれているなど、内容の信頼性はなくなってきた。

最後の日記ノートには、母が次第に、しかし確実に老いてゆく、冷酷な事実が表われている。

加藤和見の日記は、脳梗塞で倒れる二か月前で終わっていた。

52 和見さんの日記

和見さんの日記に綴られているお金の内容には残念さも感じましたが、贅沢も特段せずお金を大事にしていた世代であること、子どもたちが結婚したのにまだ親の脛《すね》をかじるのかという歯がゆさ、それぞれ自分の家庭が第一になって親の自分が大事にされていないような思い、そんな複雑な気持ちから愚痴を言う母親にも同情の気持ちがわいてきました。

53 今月の食事代を渡すことの税務的取扱い

和見さんは自分の食事代分を利男さんに渡していますが、仮に利男さん夫妻の食事代を含めて渡していたとしても、扶養義務者間の生活費の負担の範囲ですので特に税務的に問題になることはありません。

以下、扶養義務者間の生活費や教育費の贈与についての取扱いです（国税庁Q＆Aより）。

「扶養義務者相互間において生活費又は教育費に充てるために贈与を受けた財産のうち「通常必

要と認められるもの」については、贈与税の課税対象となりません。

（注）1「扶養義務者」とは、次の者をいいます。①配偶者②直系血族及び兄弟姉妹③家庭裁判所の審判を受けて扶養義務者となった三親等内の親族④三親等内の親族で生計を一にする者。なお、扶養義務者に該当するかどうかは、贈与の時の状況により判断します。

2「生活費」とは、その者の通常の日常生活を営むのに必要な費用（教育費を除きます。）をいいます。また、治療費や養育費その他これらに準ずるもの（保険金又は損害賠償金により補てんされる部分の金額を除きます。）を含みます。

3「教育費」とは、被扶養者（子や孫）の教育上通常必要と認められる学資、教材費、文具費等をいい、義務教育費に限られません。

54 孫への贈与

和見さんは、ご自身の妹さんから、孫には平等に渡したほうがよいというアドバイスを受けています。確かに一方の孫だけに多く生前贈与をするともう一方の家族としては面白くはないでしょう。

それが恨みとなって後々の相続の際の紛糾の原因となるかもしれません。特別な事情があって差をつけるのであれば致し方ないということで理解されるでしょうが、そういった事情がないのに差をつけるのは、やはりあまりお勧めできないと思います。

また孫といっても両親のそれぞれの親が同じ孫について贈与競争をすることもあるようです。教育資金の一括贈与の非課税の特例（後記参照）は今では、残額を持ち戻すこととされていますが、当初は持ち戻しなしの制度ゆえ相続対策にもなるということで一斉に贈与合戦が行われました。一方の祖父が行った教育資金贈与が限度額いっぱいで、もう一方の祖父母が「自分たちだけ贈与してずるい」と言って喧嘩になったという話を聞くこともありました。

【教育資金の一括贈与の非課税制度】（以下国税庁資料より）

平成25年4月1日から令和8年3月31日までの間に、30歳未満の方（以下「受贈者」といいます。）が、教育資金に充てるため、金融機関等※1との一定の教育資金管理契約に基づき、受贈者の直系尊属（祖父母など。以下「贈与者」といいます。）から①信託受益権を取得した場合、②書面による贈与により取得した金銭を銀行等に預入をした場合又は③書面による贈与により取得した金銭等で証券会社等で有価証券を購入した場合（以下「教育資金口座の開設等」といいます。）には、その信託受益権等の価額のうち1、500万円までの金額に相当する部分の価額については、受贈者が金融機関等の営業所等に教育資金非課税申告書の提出等をすることにより、贈与税が非課税となります※2。なお、教育資金管理契約の契約期間中に贈与者が死亡した場合には、原則として※3、その死亡日における非課税拠出額※4から教育資金支出額※5（学校等以外の者に支払われる金銭については、500万円を限度とします。）を控除した残額のうち、一定の計算をした金額（以下「管理残額」といいます。）を、その贈与者から相続等により取得したものとみなされます。また、教育資金口座に係る契約が終了した場合には、非課税拠出額から教育資金支出額を控除（相続等により取得したものとみなされた管理残額がある場合には、その管理残額も控除します。）した残額があるときは、その残額はその契約終了時に贈与があったこととされます。

※1　金融機関等とは、信託会社（信託銀行）、銀行等及び証券会社をいいます。

※2　平成31年4月1日以後に取得した信託受益権等について、その取得した日の属する年の前年分の受贈者の所得税に係る合計所得金額が1，000万円を超える場合には、この非課税制度の適用を受けることができません。

※3　贈与者の死亡日において、受贈者が23歳未満である場合や平成31年4月1日以後に取得した信託受益権等がない場合など、一定の場合には相続等により取得したものとはみなされません。

※4　「非課税拠出額」とは、教育資金非課税申告書又は追加教育資金非課税申告書にこの非課

税制度の適用を受けるものとして記載された金額の合計額（1、500万円を限度とします。）をいいます。

※5　「教育資金支出額」とは、金融機関等の営業所等において、教育資金の支払の事実を証する書類等（領収書等）により教育資金の支払の事実が確認され、かつ、記録された金額の合計額をいいます。

55 **信用金庫からのお願い**

金融機関は現金を保管していますが、無尽蔵にあるわけではありません。突然大きな金額を引き出したいという顧客の要望にはすぐに対応できないこともあります。1、000万円で渋られるのはたしかに困ったものとは思いますが……。

5月12日（金）　杉浦家マンション

この日、和子は、友也が夜遅く帰宅するなり、相続の話を持ち掛けた。

「神戸のお義母さんの葬儀があって、それからずーっとお母さんの日記を読んでいて、いろ

杉浦和子が明日の第六回協議で提案する合意案

単位：千円

	4月8日協議で判明	第六回協議　杉浦和子の合意案	
	遺産総額	利男	和子
不動産	129,861	129,861	0
現貯金	39,514	0	39,514
前回相続の是正		▽11,000	11,000
利男への生前贈与	10,000	10,000	0
和子への生前贈与	10,000	0	10,000
3人の孫名義預金	9,000	6,000	3,000
合　計	198,375	134,861	63,514
	100%	68%	32%

いろ考えてしまったの。

神戸のお義母さんは、財産は少なかったけれど、身仕舞は奇麗にして逝かれた。私の母は、少しの財産は残していたけど、遺言は何も残さなかった。それだけが理由ではないけれども、兄妹で醜い争いを起こしてしまった。

でも最後は棺に一人で入れられて、焼かれてゆくのはみな同じなのよね」

和子の、しみじみした言い方に友也は少し驚いた。

「急に何を言い出すんだ。意味がわからんよ」

「私ね、両方の母親を葬送して、お義母さんの遺言と母の日記を読んで、もうこれ以上、相続で争うことは止めようと決めたのよ。兄はあんな風で自分を持たないようなタイプだから、生前贈与や生命保険を隠していたのは美紀子さんの悪知恵に決まっているけど、それも明らかになったからもういいと思って。兄と妹の縁は切れないしね。そういう兄夫婦だと思ってお付き合いしていくしかない、そう思い直したの」

和子は、友也に話しながら自分自身の決意を強めていた。

「明日の話し合いで不満が残っても、これで合意することにします！」

5月13日（土）　第六回遺産分割協議　世田谷区池尻の加藤家

出席者　相続人　加藤利男、杉浦和子
関係人　加藤美紀子、杉浦友也
立会人　宮田税理士、中野助手

相続人間の言い争いでお互いに不愉快な気持ちのまま終わってしまった四月の第五回協議から一か月以上の間隔をおいて、六回目の協議が行われた。

今回は税理士と弁護士が立ち会う予定であったが、坂上の都合がつかず、税理士の宮田だけ同席となった。坂上からは、それぞれの相続人と関係人に、参加できないお詫びとともに、

「私の考えは宮田税理士にお伝えしておきました」とメール連絡があった。

杉浦友也が妻の和子を伴って、和子の実家でもある加藤家の母屋に入ってゆくと、すでに宮田が若い助手を伴って着席していた。加藤夫婦はなぜかうつ向き、元気のない感じで「いらっしゃい」と小声で言うだけである。冒頭の挨拶もそこそこに、宮田から話が始まった。

「本日は、私どもの調査結果をお伝えするため、助手の中野も同席させて頂きます。まず始めは、相続税の調査について、[56]**『税務署を甘く考えていたら、大変なことになる』**ということからお話させていただきます。税務署は、被相続人・故加藤和見様が世田谷の一等地に不動産をお持ちになり、相当な現預金も持っていらっしゃることについて、なぜその財産が形成できたのか？　から調べ始めます。そして現預金については被相続人名義の他に、相続人や配偶者、孫などへの預金口座への[57]**預金の流れが予備調査されます**。相続税の申告と税務署での予備調査の結果に差異があれば、徹底した税務調査が行われることになります。失礼ですが、相続人の皆さんは、税務署をかなり甘く考えていらっしゃったのではないでしょうか。まず故和見様の不動産の形成についてですが、被相続人の実家の本家筋にあたる新潟県柏崎市の『旧社名 高橋鉄工所』、現在は資本金一億円の『柏崎エンジニアリング株式会社』という地元を代表する立派な自動車部品メーカーに成長されていますが、その社長である高橋様に中野が訪問させていただき、色々と伺うことができました」

「えっ、柏崎まで行かれたのですか！」

友也と和子は、驚いて思わず顔を見合わせた。

宮田に促されて、税理士試験に挑戦中だという二十代後半の中野青年が説明を始めた。

「高橋社長は、三代目で、故加藤和見様にとっては甥にあたる方です。和見様の葬儀にも『お別れの参列に行った』とおっしゃっていました。この池尻の不動産は、和見様が嫁がれたときに、高橋社長の祖父が『当時の東京の住宅事情が大変で、公務員の安月給ではかわいそうだから、土地を買って家も建ててやった』とのことでした。家についても、当時の東京では木材が不足していたそうで、『わざわざ柏崎から運んで建てた』そうです。『先代社長も、上京の折にはたびたび池尻の妹宅に泊ってました』とのことで、不動産所有の根拠は明確です」

和子が「その母屋は、あまりにボロボロになったので、私が中学生の頃に父がリフォームしました」と、すぐ補足した。しかし、これは相続とは関係の無い発言であった。

宮田が冷静に説明を続けた。

「続いて、現預金についてです。普通の家庭の主婦である和見様がどうしてこんなに多額の預金をお持ちになれたのか？　夫である勝利さんの役所の退職金、お兄さんの経営する不動産会社の役員報酬と退職功労金、死亡保険金、遺族年金まではわかっているのですが、和見様の柏崎のご実家からの相続もあったのではないかと考えられます。実は、日記によると和見様と妹さんとは大変親しくされていたようなので、財産形成について妹さんにもお話を伺ったのです。すると『柏崎のご実家から受け取った株式を、お兄様が十年以上前に買い取ってくれた』ことを話されました。和見さんの日記にはその記述が見当たらないので、このことも中野に調べてもらいました。」

中野は青年らしいしっかりした声で訪問結果を説明した。

「その件も、高橋社長のお話ですぐにわかりました。先代社長が経営を引き継いだときに、弟妹に渡せる遺産は会社の株式だけだったので、会社の株を一千株ずつ渡して我慢してもらっていたそうです。その後、先代社長は取引先であった服部自動車工業から出資を受けるまで、会社を頑張って発展させました。そして息子の現社長に経営を引継ぐ前に、遺産代わりに弟姉妹に渡した株式を一株一万五千円で買い取られたのです。高橋社長は『和見おばさんの遺産には、その分も含まれていると思います』とおっしゃっていました」

宮田は和子に質問した。

「お母様がご実家の柏崎エンジニアリングの株式をお持ちだったことは知ってましたよね？」

「はい。ただ、母は『高橋鉄工所は上場会社でもないし、これは何の価値もない紙くず同然の株式なのよ』とぼやいていました。柏崎の叔父さんが買い取ってくれたことは聞いていません。母の日記にも書いてなかったし……」

宮田は和子の話を途中で引き取るように、説明を始めた。

「私も最初は日記の記載で気が付かなかったので、ノート二十冊を改めて確認し直しました。すると、株式売却時期のノートが抜けていることが分かりました。そこで、「日記ノートの残りと他にも和見さん名義の通帳があるのではないか？」と利男さんに問い合せをしました。今日が最後の機会だから提出してくださいと強くお願いして、先ほど通帳と日記の確認ができました」

宮田は今日初めて利男から提出されたという、四菱信託銀行の通帳と和見の日記を和子に渡した。

和子は宮田が付箋を付けたページから母の日記を読み始めた。

兄から突然電話があった。息子に社長を継がせて自分は隠居する。世間には会長になることにして、大学病院に入院する。たばこの吸いすぎで呼吸困難になり、手術すると言う。大きな手術なのかときいても、大丈夫だからとしか言わない。ついては父の相続代わりに弟と姉妹に渡した株式を買い取って、きれいな形で会社を引継ぎたいという。どう答えたらいいのかわからないので、妹と相談すると答えた。たばこは怖い。

妹と電話して株券をどうするか相談しようとしたが、『馬鹿ね！　私はすぐ「お金振り込んで！」っと言ったわよ』と言われてしまった。

兄に電話で四菱信託銀行の口座に振り込むよう、お願いした。お見舞いに行くと言ったが、退院してからでいいと言われた。

和子が日記を読んでいる間に、友也は、四菱信託銀行の古い通帳を開いた。確かに柏崎エンジニアリングから一千五百万円が振り込まれていた。そして、利子の他に記帳がなく、その通帳の最後に、母が亡くなる一年前の日付で五百万円が加藤美紀子の口座に出金されているのを友也は見つけた。

友也が指さした通帳を見て、和子は声を上げた。

「何、これ！　美紀子さん、これはどういうことなのよ！」

美紀子をかばうためか、夫の利男が初めて、低い声で発言した。

「いや……、本当に申し訳なかった。不動産しか残らないと困るので、この通帳は我々に残しておきたかったんだ。58 **美紀子へのお金は、おふくろがお世話になっているからお礼したいといって振り込んでくれたものだ**」

「お母さんは、この時には柿生ホームに入っていて、意識が混濁したり、認知症も出ていて、そんなこと言える状態ではなかったはずよ。美紀子さんが、勝手にお母さんのハンコを押して、自分あてに振り込んだんでしょう！　これは泥棒よ！」

和子の大声に、美紀子は何も反論できず、うつむくだけであった。

「私はね、主人とも相談して、今日の話し合いで、どんなに不満があっても合意しよう、もう兄妹で揉めたくない、と考えていたのよ。それなのに、兄から一千五百万円も隠されて、兄嫁から五百万円盗まれて、これはいったい何なのよ！」

和子は興奮して半泣き状態で叫んだ。

宮田が興奮した和子を落ち着かせるよう、手で押さえるしぐさをしながら言った。

「利男様には『税務署は金融機関に対してお金の行き先を強制的に調べることができるので、隠しようがない』ことを説明したところ、この口座以外には『絶対に無い』ということでした。

もうあまり時間の余裕がありません。今日までの調査でわかった遺産を整理して、相続人様間での大枠の合意をお願いします。このままの状態ですと、[59] **時間切れで小規模宅地等の特例を受ける権利も失うことになります。**正直に期限内に全て申告することが必要なのです。

坂上弁護士も私と同じご意見でした」

友也は昨夜和子と作成した第六回協議での合意案を利男と宮田に渡しながら、内容を説明し最後に付け加えた。

「和子はこの案で合意しようと考えていたのです」

そのとき、少し落ち着いた和子が、「主人と相談させてください」と言った。利男と美紀子は何も言わずに自分たちから、別棟に戻っていった。

「きっとウソがばれて、合わせる顔がなくなって、いたたまれなかったのよね」

和子がつぶやいた。

友也は宮田に質問した。

「今日の協議は二時からの予定でしたが、ずいぶん前から来られていたのですか？」

「昨日、利男様にお電話しまして、『一千五百万円の行き先を正直にお話ししてください』とお願いしておきました。そして、一時間前に二人から、この通帳と日記をすぐに提出して頂きました」

宮田の話では、加藤夫婦は隠しても必ず明らかになることを覚悟したようであった。

和子は、母が日記の中に、「嫁の美紀子さんにお世話になっているから、いずれお礼をしてあげるつもり」と書き残していたことを思い出していた。だが、日記に書いてあるからと言って、母が介護施設に入ったとたんに五百万円を引き出す行為は決して許されない、と和子は思った。

「兄は美紀子さんが預金を引き出したことについて、知っていたのかしら？」

和子の呟きに、友也が答えた。

「もういいじゃないか。これ以上二人を追及することはやめて、合意案を出してみたらどうか」

加藤利男と杉浦和子の最終合意[60]

単位：千円

	第六回協議で判明	遺産分割の最終合意	
	遺産総額	利男	和子
不動産	129,861	129,861	0
現貯金	39,514	0	39,514
前回相続の是正		▽11,000	11,000
利男への生前贈与	10,000	10,000	0
和子への生前贈与	10,000	0	10,000
3人の孫名義預金	9,000	6,000	3,000
新たに判明した預金	15,000	7,500	7,500
合　計	213,375	142,361	71,014
	100%	67%	33%

和子は覚悟を決めた。

「七対三の分割は前回までとし、今日判明した一千五百万円は五対五で相続することを申し入れます」

利男は和子に反論することなく和子の案を受け入れた。こうして、相続人間での大枠の合意は成立した。

昨年九月に被相続人 加藤和見が亡くなったことから始まった、相続人加藤利男と杉浦和子による遺産分割協議は、十二月から五月までの半年間に及び、ようやく終わった。

【税理士浦越マキのここが気になる！】

56 税務署を甘く見ていたらどうなる？

どうせわからないだろう、とタンス預金（畳の下や天井裏等を含む。中には庭に埋めたというツワモノも）や「こっそり贈与」をしている人のなんと多いことか。通帳には預金を引き出した履歴が残っているというのに……。

最近では海外にお金を逃避させる富豪も増えているそうです。

海外送金については１００万円超の送金をすると金融機関が国外送金等調書を税務署に提出することからわかりますし、各国間での金融口座に関する情報交換制度も始まっています。

以下、国税庁ホームページより。

（外国の金融機関等を利用した国際的な脱税及び租税回避に対処するため、ＯＥＣＤにおいて、非居住者に係る金融口座情報を税務当局間で自動的に交換するための国際基準である「共通報告基準（CRS：Common Reporting Standard）」が公表され、日本を含む各国がその実施を約束しました。この基準に基づき、各国の税務当局は、自国に所在する金融機関等から非居住者が保有する金融口座情報の報告を受け、租税条約等の情報交換規定に基づき、その非居住者の居住地国の税務当局に対しその情報を提供します。

平成27年度税制改正により、平成29年1月1日以後、新たに金融機関等に口座開設等を行う者等は、金融機関等へ居住地国名等を記載した届出書の提出が必要となります。

国内に所在する金融機関等は、平成30年以後、毎年4月30日までに特定の非居住者の金融口座情報を所轄税務署長に報告し、報告された金融口座情報は、租税条約等の情報交換規定に基づき、各国税務当局と自動的に交換されることとなります。）

57 税務署の予備調査

税務調査をするか否かの対象者の選定にあたっては、税務署は相続に係る様々な情報を関係機関から入手します。たとえば預貯金の流れや不動産の保有状況、株式や国債の保有状況や履歴、生命保険といった情報です。

対象は被相続人だけではなく、相続人はもちろんその他の親族にも及ぶことがあります。そうしてお金の流れや財産の漏れなどをおおよそ掴んでから、税務調査に進むことになります。つまり税務調査の連絡がきたら、ほぼほぼ何かの指摘があると考えて調査に臨みましょう。

58 被相続人からの振込みがたくさん発覚したら

遺産分割協議の段になって、被相続人からの振込みが数多く見つかることはよくあります。被相続人の入出金の管理をしていた相続人以外の相続人は、初めて被相続人の通帳を見たということも少なくないでしょう。そこでたくさんの振込みが発覚してしまうと、勝手に取った、盗んだという発想になるのも無理からぬことです。

実際に、どのような理由で振込みしたのか、振込みが贈与によるものであれば事実を裏付けるものはないか、は遺産分割はもちろんのこと、相続税の申告にも影響がありますので解明するようお互いが協力することが大切です。

59 相続税の申告期限を過ぎると失うもの

相続税の申告・納付期限は相続が開始したことを知った日から10か月です。1月1日に死亡した場合には、11月1日が申告期限となります。その日が土日であれば、翌月曜日が申告期限になります。相続税の配偶者の税額軽減や小規模宅地等の特例、また事業承継や農地の納税猶予を受ける場合は、この期限内に申告をすることが必要です。期限を過ぎると、それらの適用を受けられなくなります。また無申告加算税や延滞税などのペナルティも課せられます。

とは言っても、どうしても申告期限までに遺産分割協議がまとまらないこともあるでしょう。その場合には、とりあえず未分割でも申告をしておくことです。遺産が分割されていないと小規模宅地等の特例や配偶者の税額軽減制度は適用できませんが、未分割で申告する際に、「申告期限後3年以内の分割見込み書」を一緒に提出しておくことで、3年以内に遺産分割がまとまった日から4か月以内に、それらの適用を使って改めて相続の申告（未分割で申告したときの税金より少なくなる人は更正の請求手続き、多くなる人は修正申告）をすることができます。なお、3年以内でもまとまらないという場合には、「遺産が未分割であることについてやむを得ない事由がある旨の承認申請書」を提出することでさらに延長することができます。

ただし、納税猶予の適用に関しては、期限内に分割して申告することが絶対条件ですので注意が必要です。

60 最終合意内容と協議経過の評価

和子さんが初めて存在を知ったという和見さんの銀行口座への1、500万円の振込みと、その後和見さんが施設に入った直後の兄嫁の美紀子さんの口座への500万円の振込み。確かにこれは和子さんにとってはショックでしたね。

相続財産を隠して申告しても、宮田税理士が言うとおり見つかります。重加算税ももれなくついてくるでしょう。

合意内容は、生前贈与も加味したところでほぼ3対7で決着しました。利男さんは、前回の相続の是正相当として1、100万円を和子さんに代償金の名目で渡すのでしょう。

協議経過は穏やかとは言えないものの、申告期限までに決着したのは、弁護士や税理士の助けがあったからこそかもしれません。

専門家に依頼をするのは費用もかかることですが、自分たちだけで解決しようとしてかえって争いが泥沼化している例を見聞きします。専門家を適宜利用することをお勧めします。

エピローグ

6月2日（金）　坂上弁護士事務所

出席者　相続人　加藤利男、杉浦和子
　　　　関係人　加藤美紀子、杉浦友也
　　　　立会人　坂上弁護士

初夏のような強い日差しの中を、杉浦和子は日傘を深く前に倒しながら、夫の友也は汗を拭きながら、神田淡路町の坂上弁護士事務所を訪ねた。待ち合わせ時間は午後三時であったが、新御茶ノ水駅で坂上に渡す手土産の購入に手間取って、ギリギリの時間になってしまった。事務所の会議室には、すでに加藤利男と美紀子が着席していた。和子と友也も遅れてそれぞれの椅子に着席して二人に対面した。

最後に会議室に入ってきた坂上が二人の相続人の前に遺産分割協議書を丁寧に置いて話し始めた。

「本日はお集まり下さり、ありがとうございます。先日レターパック便でお送りいたしました協議書案について、お二人ともご承諾されましたので二部製本しました。二頁と三頁の本文を読み上げますので最終確認して下さい。

次の四頁は遺産目録の内、被相続人名義の預金など債権・動産類をまとめた表になります。

次の五頁の遺産目録は、被相続人の財産から相続人及びその家族名義の預貯金口座に移動のあった金員をまとめた一覧表になります。六頁の遺産目録は不動産、七頁最後の遺産目録は負債で、固定資産税と未払い医療費、葬儀費用になります。

それでは、三頁の相続人欄に自署と実印をお願いします。住所欄には印鑑登録証明書の住所を、正確にご記入ください」

坂上は淡々と事務的に話を終えた。

友也は弁護士は名義預金のことを、「被相続人の財産から相続人及びその家族名義の預貯金口座に移動のあった金員」と書くのか、と妙に感心していた。

和子は自分用に置かれた協議書への署名をすぐに終えたが、捺印する前に何気なく兄の利男に目を移して驚いた。

ボールペンを持つ利男の右手がブルブル震えていた。妻の美紀子が思わず「大丈夫？」と声をかけたが、利男の手の震えは止まらない。

坂上がやさしく言った。

「冷たい麦茶がありますから、一息入れてから落ち着いて署名してください」

一か月後の七月五日、宮田が世田谷税務署長宛てに相続税申告書を提出した。相続税申告期限である七月十二日の一週間前で、ぎりぎりの申告であった。[61]

おわり

【税理士浦越マキのここが気になる!】

[61] この物語りの感想

相続争いはよくあること、と専門家は簡単に思いがちですが、一人一人に家族の歴史があり、相続することへの強い思いがあるのだと改めて感じさせてくれた物語りでした。

もちろん私はこの相続に直接関わってはいませんが、関与された宮田税理士は職員に遠方まで調べに行かせたり、日記をくまなく読み込んだりと、しっかりと調べていましたね。宮田税理士が忙しさにかまけて手を抜いていたら、このような分割協議はできなかったかもしれませんし、税務調査で後からペナルティがあったかもしれません。

相続案件と日々格闘している私自身を振り返っても、一件一件にここまで時間をかけて取り組んでいるかどうかと反省をさせられた内容でした。

この観点で言いますと、納税者の方が税理士を選ぶのは難しいことと感じます。一口に税理士といっても得意分野はそれぞれ違っていることがあります。法人を専門としている人に相続税の申告をお願いしてしまうと頼りない思いをするかもしれません。

では、いろいろな税理士が在籍している大手の税理士法人が良いかというと、実は必ずしもそうでもないようにも思います。事務所にとって大きな案件ではないと新人に教育の一環として担当させることがよくあります。その結果、納税者の方は、大先生と直接話ができなかった、新人は頑張っているけど、何せ経験もないし、相続人に比べて若すぎて、なかなか本当の悩みも打ち明けにくい、などという不満を抱くことにつながるのです。おまけにその割に報酬が高かった、などという愚痴を聞くこともあります。税理士選びは難しいです。

とまずは同業者の仕事ぶりについての感想が先だってしまいました。

この物語りの第一印象は、正直に言ってあまり良いものではありませんでした。身内同士の喧嘩の話が楽しいわけはないので仕方ないのですが、それにしても特に前半部分は少し感情的になりすぎていないかと思うシーンも度々でした。そう思って気が付いたのです。私が立ち会っている相続では最初から私という第三者が間に入っているからある程度冷静なのだ、ということに。

第三者が入らない相続の現場は、この物語りよりもっと過激な言い合いを繰り広げているのかもしれません。実際、裁判所に持ち込まれる相続紛争の大半は、相続税の申告がいらない小規模な財産をめぐる争いという事実があります。相続税の基礎控除（3、000万円＋600万円×

法定相続人の数）を超える遺産があれば少なくても税理士が関与することが多いですが、申告不要となると全く第三者が間に入ることなくお互いに権利を主張して罵り合って話し合いもできなくなって、挙句に裁判所に持ち込むということが起きているのでしょう。

この物語りの最後は、お互いに妥協して着地できたので、紛争はそこまで長引かなくて済みました。ただ、お互いにハッピーエンドとは言いがたい結末だったでしょうか。今後この兄妹の関係がすっかり修復する日は来るのでしょうか。

このようなことのないように、親は生前に何ができるのか、専門家は相続争いでどのようにアドバイスしたら良いのか、税理士としても、自分自身のこととしても考えさせられる物語りでした。

なお、税制は毎年のように改正されます。小規模宅地等の特例も近年大幅な変更がありました。これから相続に直面される方は、常に最新の税制を確認するようにしてください。

〈著者紹介〉

今泉　朋和（いまいずみ　ともかず）

1949年兵庫県神戸市生まれ。2009年公益法人専務理事、電子帳簿保存法の規制緩和に取り組み2018年退任。2019年電子化コンサルティング合同会社代表、2023年妻の介護に専念するため退任。今泉朋和はペンネーム。

浦越　マキ（うらこし　まき）

税理士。浦越マキはペンネーム。相続税の相談や申告業務を多く受任している。今泉氏とは関与先の法人で知り合い、今泉氏の親族に起きた相続騒動を基にした本書の解説部分を担当。

妻と義兄夫婦、相続税申告までの10か月
——相続で起きる「争族」と税金の物語り

2024年４月20日　第１版第１刷発行

著　者　今　泉　朋　和
　　　　浦　越　マ　キ
発行者　山　本　　　継
発行所　㈱　中　央　経　済　社
発売元　㈱中央経済グループ
　　　　パブリッシング

〒101-0051　東京都千代田区神田神保町１－35
電　話　03(3293)3371(編集代表)
03(3293)3381(営業代表)
https://www.chuokeizai.co.jp
印刷／東光整版印刷㈱
製本／㈲井上製本所

ISBN 978-4-502-49261-7　C3032